商务礼仪

商务人士的66堂礼仪课

尹航 - 著

中国科学技术出版社
·北 京·

图书在版编目（CIP）数据

商务礼仪：商务人士的66堂礼仪课/尹航著. -- 北京：中国科学技术出版社，2025.6. -- ISBN 978-7-5236-1335-1

Ⅰ.F718

中国国家版本馆CIP数据核字第2025A8G624号

策划编辑	赵　嵘　王绍华	责任编辑	胡天焰
封面设计	东合社	版式设计	蚂蚁设计
责任校对	焦　宁	责任印制	李晓霖

出　　版	中国科学技术出版社
发　　行	中国科学技术出版社有限公司
地　　址	北京市海淀区中关村南大街16号
邮　　编	100081
发行电话	010-62173865
传　　真	010-62173081
网　　址	http://www.cspbooks.com.cn

开　　本	880mm×1230mm　1/32
字　　数	162千字
印　　张	8.375
版　　次	2025年6月第1版
印　　次	2025年6月第1次印刷
印　　刷	大厂回族自治县彩虹印刷有限公司
书　　号	ISBN 978-7-5236-1335-1/F·1364
定　　价	69.00元

（凡购买本社图书，如有缺页、倒页、脱页者，本社销售中心负责调换）

以"礼"为钥,打开中国传统文化的大门

礼,是中国传统文化的重要组成部分,是中华文明的符号。中国以礼安邦的源头可以追溯到5000多年前的良渚文明。在儒家经典的十三经中,关于礼仪的就占了三部,即《周礼》《仪礼》《礼记》,被统称为"三礼",是我国礼乐文明的早期理论形态。经过数千年的发展,"礼"作为中国文化的一项核心价值与制度,已经融入我们中国人的思想和行为模式里,从我们日常生活中的待人接物、婚丧嫁娶,到重大场合的庆典仪式,礼都贯穿其中。

在对礼仪的学习与实践中,我深感礼仪的博大精深,最好的礼仪,是不刻意和不被察觉的。它不仅仅是一套形式化的规则,还是一种内心的敬畏,更是文化的传承与创新。特别是在全球化背景下,在互利共赢的"一带一路"倡议中,中外交流、文化的碰撞与交融日益频繁。在这个过程中,继承和发展"礼"的精髓,传播中国传统文化,有助于我们在世界文化激荡中保持自我特色,更好地融入国际社会,提升中国在国际上的影响力。

近几年,我有幸担任国内多家企业的国际礼仪顾问,他们的业务遍及欧美、中东、东南亚等地区。在国际商务交往中，除了要了解对方的礼仪习俗，更好地传播中国文化，也是中国企业非常关注的。比如我的一位客户，经常要代表企业参加国际宴会，她曾向我咨询，在这种国际社交场合选择穿什么风格的礼服更合适、更能够体现中国文化？我毫不犹豫地建议她穿旗袍，旗袍内敛、含蓄、温柔，处处彰显出东方女性高贵、华丽、飘逸的气质，是中华优秀传统文化的典型代表之一。我的另一位客户，公司的主要业务在非洲，关于国际赠礼方面，他曾经向我请教选择什么礼物适合赠送给外国朋友。我说："国际赠礼，最重要的是礼物要能够体现中国文化。比如中国的茶叶，不仅能展示中国悠久的茶文化，还能让非洲朋友在品茗中感受宁静与雅致。再比如中国的丝绸围巾，丝绸是中国的瑰宝，一条色彩鲜艳、图案精美的丝绸围巾，既实用又能彰显东方美学。"这样的例子还有很多，希望通过我的国际礼仪课程，能够推动中国文化"走出去"，向世界阐释并推介更多具有中国特色、体现中国精神、蕴藏中国智慧的中华优秀传统文化。

　　本书内容共包括六个篇章，除第一章走进礼仪的世界外，其余各章主要介绍商务人士的仪容仪态管理、商务人士的服饰礼仪、商务交往礼仪、商务沟通礼仪、商务宴会礼仪等。每一章都旨在帮助读者更好地理解和掌握这些礼仪规范，特别是人工智能时代的到来，让学习礼仪这件事变得更加重要。因为很多低技能重复性的工作都可能会被 AI 替代，但 AI 无法替代人来处理人际关系。而礼仪作为人与人之间交往的桥梁，无论是在家庭、职场，还是在社会交往中，良好的礼仪修养都能够帮助我们建立和谐的人际关系，促进彼此的支持与合作。我更希望通过这些文字，播下一颗传播中国文化的种子，希望大家在学习礼仪的实践中，可以更好地理解和传承中华民族优秀的传统文化，以"礼"为钥，打开中国传统文化的大门！

欢迎关注我的微信视频号"尹航—礼仪与文化"，了解更多礼仪知识。

目 录

第一章 走进礼仪的世界

第一课　礼仪的定义与起源　002

第二章 商务人士的仪容仪态管理

第一节　仪容礼仪：正容体、齐颜色，礼之始也　008

第二课　整洁，一个人自律的呈现　008
第三课　面部管理，色思温、貌思恭　010
第四课　头发这样打理，会悄悄为你加分　013

第二节　仪态礼仪：举手投足，尽显优雅　018

第五课　站姿，庄重沉稳中提气场　018
第六课　坐姿，须臾落座间显贵气　022
第七课　养浩然之气：眼神的力量　025

第三章　商务人士的服饰礼仪

第一节　掌握不同场合着装要领，穿出职业与品位　030

第八课　掌握四个原则，让着装不再难　030
第九课　公务场合着装　034
第十课　社交场合着装　038

第二节　男士商务形象，得体很重要　043

第十一课　西服套装，永远是出席正式场合的好选择　043
第十二课　衬衫，穿出权威与专业　048
第十三课　领带的选择与系法　051
第十四课　皮鞋与袜子，细节中显得体　054
第十五课　配饰选对，彰显贵气　057
第十六课　中山装，经典的中国男士礼服　061

第三节　女士商务形象，穿出优雅与内涵　064

第十七课　女士商务正装的选择　064
第十八课　鞋，职业与优雅并存　067
第十九课　配饰，让着装更有仪式感　070
第二十课　旗袍，经典的中国女士礼服　073
第二十一课　穿出美感与贵气的秘密　076
第二十二课　商务人士19个妆容小技巧　078

| 目 录 |

第四章 商务交往礼仪

第一节 商务会面礼仪，拉响交往的序曲 084

第二十三课　称呼礼仪：差之毫厘，谬以千里　084
第二十四课　自我介绍：自信庄重，落落大方　087
第二十五课　介绍别人：尊卑有序，传递尊重　089
第二十六课　名片礼仪：小名片，大智慧　092
第二十七课　握手礼仪：传递真诚与友好　095
第二十八课　问候寒暄礼仪，商务交谈的序曲　101

第二节 商务接待礼仪，有礼有节很重要 105

第二十九课　商务接待，先从准备工作开始　105
第 三十 课　迎来送往，待客有道　108
第三十一课　斟茶送水学问多　111
第三十二课　引领礼仪、电梯礼仪与楼梯礼仪　114
第三十三课　乘车礼仪，让客人坐在合适的位置上　117
第三十四课　客人膳宿礼仪　120
第三十五课　商务馈赠，精挑细选礼数周　123

第三节 商务仪式与商务活动礼仪 128

第三十六课　会议礼仪：凡谋之道，周密为宝　128
第三十七课　会见与会谈礼仪：礼以行之，信以成之　134
第三十八课　商务拜访礼仪：懂得做客之道为人际升温　139
第三十九课　签约仪式：庄重感与严谨性相结合　144

第五章　商务沟通礼仪

第一节　掌握商务沟通礼仪的基础，摆脱沟通恐惧　150

第四十课　沟通基础：声音、语气、节奏感　150
第四十一课　语言表达：清晰准确，言之有物，无口头语　152
第四十二课　一句礼貌用语，成为商务沟通的润滑剂　156

第二节　识别商务沟通的关键，掌握沟通主动权　160

第四十三课　学会倾听：先做一位忠实的听众　160
第四十四课　让积极的回应成为一种沟通习惯　163
第四十五课　真诚地赞美，为商务沟通升温　167

第三节　学会商务通信礼仪，让你礼行天下　171

第四十六课　电话沟通，用声音传递专业与友好　171
第四十七课　往来邮件沟通，格式与用语要专业　174
第四十八课　微信沟通，也要有礼可循　178

第六章　商务宴会礼仪

第一节　中餐礼仪：舌尖上的艺术　184

第四十九课　宴会邀约与赴宴的礼仪　184
第五十课　宴请宾客，座次与桌次有讲究　187

| 目 录 |

第五十一课　入座与离席：细节赢得尊重　195
第五十二课　点菜的艺术　197
第五十三课　敬酒有道：掌握次序是关键　201
第五十四课　中餐进餐礼仪　204

第二节　西餐礼仪：用刀叉吃出优雅　207

第五十五课　优雅落座，彬彬有礼　207
第五十六课　掌握这九招，轻松学会西餐点菜　211
第五十七课　进餐有礼，细节显贵气　214
第五十八课　正确使用西餐餐具，无声胜有声　216
第五十九课　10种西餐菜肴的食用方法早知道　220
第 六 十 课　咖啡礼仪　226

第三节　葡萄酒礼仪：闻香识酒，优雅社交　230

第六十一课　葡萄酒品鉴的艺术　230
第六十二课　葡萄酒的侍酒方法　234
第六十三课　葡萄酒与食物的搭配　237

第四节　茶道：品茶论道，东方社交　241

第六十四课　以茶会友，这些茶历史一定要知道　241
第六十五课　泡一壶好茶的秘密　244
第六十六课　品茗的艺术：观茶色、闻茶香、品茶味、悟茶韵　248

后记　253

第一章
走进礼仪的世界

第一课
礼仪的定义与起源

礼仪，是人类社会为了维持社会的正常生活秩序，而制定的人们共同遵循的一种行为规范。它既表现为外在的行为方式——礼貌、礼节；又表现为更深层次的精神内涵——道德、修养。礼仪是公民文明素质的标志，也是一个国家文明进步的标志。礼仪是一种世界性的文化现象，世界各国都有各自在人际交往方面的礼仪规范。

"礼仪"一词，由"礼"和"仪"组成。《说文解字》中对"礼"有如下解释："履也，所以事神致福也。"本义为敬事、祭祀神灵以致福。也可以理解为人们身处特定社会必须遵守的行为规范。在中国的现当代，我们已习惯将"礼""仪"这两个意思相近的字构成"礼仪"一词使用。

从古至今，"礼"的含义甚多，归纳起来大致包括以下内容。

其一，认为礼是治国的大纲和根本。《左传·隐公十五年》云："礼，经国家、定社稷、序民人，利后嗣者也"。《国语·晋语》云："夫礼，国之纪也，国无纪不可以终。"《礼记·曲礼上》云："夫礼者，所以定亲疏、决嫌疑、别同异、明是非也。"《礼记·礼器》云："先王之立礼也，有本有文。忠信，礼之本也；义理，礼之文也。无本不立，无文不行。"

其二，礼就是"理"的意思。《礼记·仲尼燕居》云："子曰：礼也者，理也。乐也者，节也。君子无理不动，无节不作。"《礼记·乐记》云："礼也者，理之不可易者也。"《广韵》云："礼，体也，得其事体也"，指的是道理、事理的意思。

其三，礼是表达对人的尊敬和礼貌的意思。《礼记·月令》云："勉诸侯，聘名士，礼贤者。"《礼记·曲礼》云："人有礼则安，无礼则危。"这里的礼，都表示尊敬、礼貌的意思。

其四，礼表示礼物。《礼记·表记》云："子曰：无辞不相接也，无礼不相见也，欲民之毋相亵也。"这里的礼，表示礼物的意思。

其五，礼表示仪式、仪典。《周礼·春官·大宗伯》提到朝廷举行的五种仪典：吉礼、凶礼、军礼、宾礼、嘉礼，称为"五礼"。这里的礼指的是仪式、典礼的意思。

接下来，我们来解释"仪"，仪在意思上，有些是和"礼"相重叠的。

其一，指法度、准则的意思。《淮南子·修务训》云："设仪立度，可以为法则。"

《史记·秦始皇本纪》云:"普施明法,经纬天下,永为仪则。"这里的仪,指制度、法律的意思。

其二,指仪式、仪典的意思。《仪礼》是"三礼"之一,记载仪式规范的一部典籍。

其三,指容貌、举止的意思。《宋史·杨承信传》云:"承信身长八尺,美仪表,善持论,且多艺能。"这里的仪,指的是容貌、举止的意思。

其四,指礼物的意思。《儒林外史》第三回:"弟却也无以为敬,谨具贺仪五十两,世先生权且收着。"这里的仪,指礼物、贺礼的意思。

综上所述,"礼"和"仪"的意思十分相近。所以,我们经常看到"礼""仪"两个字组成"礼仪"一个词语使用。

对于礼仪的起源,自古以来,我国专家学者们提出多种观点,为我们研究这一课题奠定了理论基础,我整理归纳为以下三个方面。

一、礼仪起源于祭祀

郭沫若在《十批判书》中这样写道:"大概礼之起源于祀神,故其字后来从示,其后扩展而为对人,更其后扩展而为吉、凶、军、宾、嘉的各种仪制。"[1] 我们可以从古代的典籍中

---

[1] 郭沫若. 郭沫若全集:历史编:第二卷[M]. 北京:人民出版社,1982:96.

得以印证。《礼记·祭统》云："凡治人之道，莫急于礼。礼有五经，莫重于祭。"可见，在古代，祭礼的重要性。《国语·周语上》云："夫祀，国之大节也。"这说明祭祀是国家的头等大事。从大量的古代典籍中，我们可以得出结论，礼仪起源于祭祀。也就是说，礼仪是古人表达对神灵的尊敬，进而扩展到对人的尊敬，久而久之，形成一套系列的行为规范，我们称为礼仪。

二、礼仪起源于人性

关于这一点，我们可以从《荀子·礼论篇》中的一段话得到印证："人生而有欲，欲而不得，则不能无求，求而无度量分界，则不能不争。争则乱，乱则穷。先王恶其乱也，故制礼义以分之，以养人之欲，给人之求。使欲必不穷乎物，物必不屈于欲，两者相持相长，是礼之所起也。"意思是说，资源是有限的，但人的欲望是无限的，人性的弱点会导致利益冲突，进而引发争夺事端，导致社会不稳定，故先王制定礼仪来约束人的行为。

三、礼仪起源于民俗

关于礼仪起源于民俗，我们可以从文献资料中得到这一结论。首先《现代汉语词典》对"礼"的解释是"社会生活中由于风俗习惯而形成的为大家共同遵守的仪式。"刘师培先生也持有"礼"源于习俗的看法。他说:"上古之时,礼源于俗。典礼变迁,可以考民风之异同。"[①] 我们可以得出这样的结论,礼仪早期源于民间的习俗,人类社会发展到一定阶段,为了管理社会,让社会更有秩序,把一部分习俗规范化,要求人们遵守,我们称之为礼仪。

---

① 刘师培. 刘申叔遗书 [M]. 江苏:江苏古籍出版社,1997:683.

第二章

商务人士的仪容仪态管理

商务礼仪：商务人士的66堂礼仪课

第一节　仪容礼仪：正容体、齐颜色，礼之始也

第二课
整洁，一个人自律的呈现

保持整洁对于商务人士来说是仪容管理的第一步。整洁也是一种礼仪的体现，透过一个人整洁的外表，我们能够看到他的自律，而一个自律的人，在其他各方面一定不会太差。在日常工作中，我们很难想象，一个衣着邋遢、头发上有油渍、口腔有不良气味的人，会赢来合作机会，会获得命运的垂青。不整洁的形象，暗示着不规律的生活，一个对自己都管理不好的人，是不可能承担更大的工作责任的。

> 2019年，我跟随我的形象导师前往美国，向国际形象美学界顶级权威，79岁高龄的Carla Mathis 系统学习形象管理。临行前，导师嘱咐我们，要准备足够多的服装，上课期间尽可能每天换一套服装，让 Carla Mathis 老师点评我们的服饰，这样我们的学习收获才会更大。去之前，我

> 花了整整两天的时间,精挑细选上课穿的服装,带着两大皮箱衣服去了美国。在学习的那段日子里,我会在上课的前一天晚上,把第二天要穿的衣服搭配好,衣服熨烫平整、确保整洁。每天早上,我会花1小时时间,洗澡洗头,画一个精致的妆容,穿上已经搭配好的服装去上课,同行的其他同学也是如此。出现在课堂上的我们,每个人都是穿戴整齐、干净得体,从容且优雅,得到了 Carla Mathis 的赞赏。而这种习惯我保持至今,为我赢来了无数的合作机会。

因为我常年为企事业单位讲授礼仪课程,这使我有机会能见到各个领域的精英,他们来自教育、金融、能源、电力、建筑等不同领域。在和他们接触的过程中,我发现他们都是无比重视个人形象的。记得我在上海为一家电力企业授课,坐在第一排的一位长者,穿着一双标准的黑色公务皮鞋,皮鞋擦拭得一尘不染;在北京为一家建筑企业的投资部门讲课,学员个个衣着服饰干净、大方得体。只有在生活上养成干净整洁的习惯,才能在工作上实现井井有条,进而拥有一个可掌控的人生。

事实上,保持干净整洁并不难,我们只需要多花一些时间和耐心,并把它养成生活习惯,下面我整理了商务人士养成干净整洁的8个小习惯:

- 每次洗漱完毕，顺手将各类物品规整到原位；
- 每周留出固定的时间修剪指甲；
- 把一周要穿的服饰提前整理好，并做好搭配、确保整洁；
- 每周护理一次头发，每月理一次发；
- 皮鞋擦拭干净后再去上班；
- 出门前照镜子，确保穿戴整齐、干净得体；
- 每天刷牙三次，早、中、晚各一次；
- 每周换洗一次床单被罩。

第三课
面部管理，色思温、貌思恭

《礼记·冠义》曰："礼义之始，在于正容体，齐颜色，顺辞令。"

在商务活动中，人与人见面，首先注意的就是面部。面部是焦点，在一个人的第一印象中起着非常重要的作用。同时，面部呈现的状态也反映着一个人的内心状态和修养。《苏平仲文集》卷十一《悟真寺碑》曰："心外无相，相由心生。"那么，对于商务人士来说，应该如何做好面部管理呢？第一，做到面部干净整洁；第二，做好面部表情管理。

一、面部管理基础：干净整洁

面部包括口、眼、耳、鼻等重要器官，是人们视觉的焦点。男士要养成每天剃须的习惯，以胡子拉碴的形象出现在别人面前是不礼貌的，对面部也要进行适当的保养，比如涂抹护肤品等，这是很多男士容易忽略的问题，觉得涂抹护肤品是女士应该做的事。其实不然，因为我们的面部每天暴露在阳光紫外线下，如果不进行适当的防护，面部就容易干裂，而粗糙干裂的面部，是非常影响我们的商务形象的。女士面部除了做到整洁外，可以适当画淡妆来提升气质。此外，还要注意眼角的分泌物要及时清理，鼻腔里不要有异物。

口腔卫生是我们特别容易忽略的，养成饭后漱口的习惯非常重要。特别是吃过刺激性的食物后，比如韭菜、大蒜、鱼等，因为这些食物的味道较重，一定要漱口。如果时间紧张，来不及漱口的话，可以嚼一粒口香糖或者一片柠檬片，帮助我们减少口腔异味。

二、面部管理重点：面部表情管理

面部表情，指通过眼部肌肉、颜面肌肉和口部肌肉的变化来表现各种情绪状态。面部表情是一种十分重要的非语言社交。所以，商务人士要懂得管理自己的面部表情。那么，什么样的表情是好表情呢？伊拉斯谟[1]心中好的面部表情是恭敬而镇静自若的，认为那是问心无愧、心胸坦荡的标志。我们的先贤孔子认为好的表情是"色思温，貌思恭"。色，就是脸色，温，指不冷不热，恰如其分的表情；貌思恭，指容貌神态谦虚、恭敬、尊重。对于商务人士而言，好的表情应该是平静的、自然的、有定力的、泰然自若的，因为这样的表情暗示着内在自信和力量，更容易在商业中为自己撬开机会的大门。

> 我在北京师范大学MBA[2]毕业后，有一次很幸运地被母校邀请作为MBA提前面试的面试官。目前国内很多高校在招收MBA学生时，除了笔试，还会安排提前面试，通过提前面试，对学生的综合能力做进一步的评估。那天让我印象深刻的一位面试者是一位女士，年龄有三十七八岁，学历和工作背景都很不错。但是她在回答我们几位面试官的问题时，表情异常紧张，脸上肌肉有轻微的颤动，额头上有明显的汗水，眼神不敢直视我们，讲话声音发抖，最后面试得分并不高。她在面试时所呈现出来的表情和状态，事实上已经告诉我们她的心理素质不行。真正优秀的精英，是无论在哪种场合，她们都可以快速适应，保持自信，表

---

[1] 德西德里乌斯·伊拉斯谟：荷兰哲学家，16世纪初欧洲人文主义运动主要代表人物。——编者注
[2] 工商管理硕士。——编者注

> 情镇定而自然，泰然自若地面对任何人发表他们的观点。由此可见，做好表情管理多么重要！

做好面部管理，对于商务人士而言，不仅是一种礼貌和修养，而且对于未来人生发展有着不可估量的作用。一代儒宗周汝登曾说："容貌辞气，德之符。"如果你有一张不怯场的脸，有一颗没有被平庸侵染的心，那么你就一定可以距离想要的东西更近。

第四课
头发这样打理，会悄悄为你加分

头发，是商务人士的"第二张脸"。在商务活动中，双方彼此见面，头发是非常容易引起对方注意的，所以一个得体、干练的发型，对于商务人士而言起着不可估量的作用。

> 王佳在一家咨询公司担任销售经理，工作有五年时间，因为业绩突出，刚刚被提拔为销售总监。公司领导出于对王佳的信任，让他负责一个大客户的方案。王佳带领销售部门，经过近半个月夜以继日的辛苦努力，在产品部

> 门的帮助下，终于完成方案。王佳要代表公司向客户汇报整体方案，客户和王佳的公司都非常重视，因此双方公司的领导都会出席这次汇报会。这一天终于到来，王佳很自信地走上台，拿起翻页笔，开始汇报。这时只见客户方董事长看了王佳一眼，脸上略有不悦。只见王佳头发好像多日未洗，像毡片一样贴在头上，后背的西装上，非常醒目的有一层头皮屑。汇报结束了，但最后客户方并没有采纳这个方案。事后，客户方领导反馈给王佳的领导说："你们应该重视一下员工的形象，一个员工连自己的形象都管理不好，怎么可能把我们的方案设计好？"由此可见，一个由头发引发的形象问题，最终给公司带来了无法挽回的损失。

那么，对于商务人士而言，应该如何打理好自己的头发以及如何选择适合自己的发型，我将从以下四个方面来展开介绍。

一、发型的选择

总体而言，无论男士还是女士的发型，应该是整洁的、得体的、符合职业和身份的。

男士要选择短发，显得干练精神，如果出席正式的场合，可以适当地打理一下头发，会显得更有仪式感。方法很简单，用少量的发泥或发蜡，在手上揉搓开，然后从发根部开始去抓，最后用发胶或定型喷雾定型。

女士的发型有多种选择，如短发、长发和卷发等，那么选择什么发型合适？既要符合职业特点，又要结合不同的脸型，让发型起到修饰脸型的作用，下面是几种常见脸型适合的发型，具体如下（图2-1到图2-6）：

图2-1　瓜子脸发型选择　　　图2-2　圆形脸发型选择

图2-3　方形脸发型选择　　　图2-4　菱形脸发型选择

图2-5　长形脸发型选择　　　图2-6　椭圆脸发型选择

二、头发的长度

很多职场女性为了美丽喜欢留长发。但要注意，如果出席正式的场合，尽量不要以披肩散发的形象示人，虽然这样看上去更加美丽、漂亮，却降低了女性的专业度，女性在工作中应该展示干练、职业与优雅的形象。

男士头发长度，侧发不要盖住耳朵，后发不要触碰到衣领，前面的头发不要附在额头上。建议男士一个月要理一次头发，头发过长会给人一种不精神、邋遢的印象。

三、头发的颜色

现代人对美的要求越来越高，喜欢通过色彩来诠释生活，展现自我，这很好。但要注意，不要把头发染成特别扎眼的颜色，比如白色、粉色、灰色等。这些颜色过于突兀，显得不正式，缺少职业感。可以选择较自然的颜色。

四、头发的日常护理

头发的日常护理很重要，一头毛躁、粗糙的头发，会让自己的职业形象大打折扣。那么，如何正确护理头发呢？我将从以下几方面来介绍。

1. 正确洗发

洗发水温 37～40℃是适宜的。如果用冷水，就不能很好地去除油脂和头皮上的污垢，而水太热又会损伤头发。洗发时，把洗发剂冲洗干净非常重要，否则容易产生头屑，然后用护发素或者发膜对头发进行护理。另外，发膜比护发素成分更加复杂，在使用后需要彻底将其冲洗干净。

2. 保护发质

保护好发质，能让头发更有生命力。那么如何保护发质呢？做到以下几点：洗头频率不要过高，坚持用护发素；吹风机温度不能过高，过高会损伤头发；要及时修剪枯黄、受损的头发。

3. 打理长发

长发容易分叉，要定期修剪；夏天出门可以选择戴帽子，因为紫外线长期照射会伤害到头发和头皮；定期为长发做营养护理。

4. 打理短发

要定期修剪，通常一个月修剪一次；早上可以用湿毛巾热敷，能让头发更柔顺；用啫喱或发胶打理短发，能让发型更时尚。

5. 减少静电的方法

使用护发精华油或者梳头前在头发上喷少量润发喷雾，能够有效地减少静电。

商务礼仪：商务人士的 66 堂礼仪课

第二节　仪态礼仪：举手投足，尽显优雅

第五课
站姿，庄重沉稳中提气场

《诗经·曹风·鸤鸠》有这样一句诗词："淑人君子，其仪不忒。"意思是说品性善良的君子，仪容仪态端庄，从不走样。站姿，是仪态之首，对于商务人士来说，优雅挺拔的站姿，女士如芙蓉般典雅秀美，男士如松柏般伟岸挺拔，是一张最亮丽的名片，因为这背后是一个人的自信、自律、积极向上的生活态度。

> 一次我受邀担任国内一家知名建筑央企演讲比赛的评委，企业一共邀请了三位评委，我是其中的一位，主要从礼仪和演讲这两方面，帮助企业选拔出优秀的选手，然后由我对这些优秀选手进行专业的礼仪和演讲培训，最后他们将代表企业参加集团的总决赛。在那次初赛上，让我印象深刻的是一位男士，年龄 30 岁左右，演讲时虽然有些

紧张，但眼神坚毅，无论站姿还是走姿都挺拔、舒展，神态庄重从容，最后我给他打了高分。通过他所呈现出的不俗气质和仪态，我相信这是一位优秀青年，因为仪态是一个人最有力的综合素质说明书。果不其然，后来这位男士和另外两位女士在比赛中胜出，后期我为他们三人做演讲和礼仪专项培训时，这位男士表现得非常出色，积极且刻苦，最后他在集团总决赛中击败来自全国各地的其他公司选手获得了第一名。事实上，一个人的仪态，在一定程度上可以表达内在情绪，如果一个人笔挺站立、挺胸迈步、直视前方，那么他就更能勇往直前、直面人生的各种艰难险阻，也会有更多好事降临到他身上。而如果一个人总是垂头丧气，那么他就会感到自己是渺小无助的，所以请谨慎对待我们的仪态。

一、正确的站姿

男士站如松，首先头要正，下颌内收，双手自然放在两腿外侧，也可在腹前交叉或身体后交叉，挺胸收腹，双脚自然并拢，或者双脚自然分开约60度，宽度不要超过肩宽。

女士站姿，亭亭玉立，头正稍抬，下颌微收。挺胸收腹，双肩向外扩，不要内扣。双手自然放在双腿两侧，或者双手在腹前交叉。双脚自然并拢，也可呈小"V"字形，其张角为

45度左右,脚跟靠拢。双脚也可呈小"丁"字步,前一只脚跟靠近后一只脚的脚弓(图2-7、图2-8)。

图2-7 男士站姿　　图2-8 女士站姿

二、不良的站姿

不良的站姿,不但对我们身体有伤害,在交往中也会给对方留下不好的印象。以下几种站姿,是我们在商务交往中应尽量避免出现的。

1. 站立时,腿不停地抖动

这种站姿,给人以不稳重之感。抖动的腿,也暗示着内心的紧张和慌乱。

2. 含胸驼背的站姿

这种站姿一般由平时缺少锻炼或者不良的生活习惯导致。这种站姿给人一种精神状态不佳、萎靡不振的感觉,可以通过运动加以纠正。

3. 双腿打开过大

很多男士有这类问题,给人一种很随意、不严肃的感觉。

4. 双手叉腰的站姿

这种站姿给人一种盛气凌人之感,表达强势和不友好,在工作场合,我们要避免此类站姿。

5. 双手插裤袋的站姿

这种站姿给人一种很随意、过度放松之感。

6. 站立时经常变换姿势

由于紧张或者生活习惯导致,此种站姿给人以不稳重之感,是不可取的站姿。

7. 站立时倚靠他物

比如站立时倚靠桌子、倚靠墙壁、倚靠椅子等,都是非常不礼貌的,给人以不严谨、不认真之感。

三、站姿训练

优雅挺拔的站姿很难速成,更多来自日积月累的生活习惯养成。平时有意识地训练,让自己的站姿更富有美感和韵律,是值得我们一生为之努力的事情。在舞蹈中,芭蕾舞对培养人的体态是非常有效的,能塑造出优美的形体。芭蕾中的拉伸、站姿等,可以强化人的肌肉、骨骼和各种器官,从而促进内脏器官机能旺盛,增强身体协调能力和神经反应能力。那么对于工作繁忙的商务人士,可以用五点贴墙法来训练站姿,平

商务礼仪：商务人士的 66 堂礼仪课

时在家就可以操作，简单方便。

五点贴墙法，指的是头部、肩部、臀部、小腿肚、脚后跟，身体的这五个部位紧贴墙面，每天站立 5 分钟，可以用来纠正不良站姿，长此以往让身体肌肉形成习惯，使站姿更加挺拔优雅。

第六课
坐姿，须臾落座间显贵气

我国是礼仪之邦，从古代开始就非常重视坐姿礼仪。西汉贾谊在《新书》中专门写了《容经》一章，介绍坐姿礼仪："坐以经立之容，肵不差而足不跌，视平衡曰经坐，微俯视尊者之膝曰共坐，仰首视不出寻常之内曰肃坐，废首低肘曰卑坐。"他把坐姿分成几种类型，按照不同的情况，分别称为经坐、恭坐、肃坐、卑坐。那么对于商务人士，虽然不需要像古人对坐姿这样讲究，但要注意坐姿规范以及在不同场合的坐姿礼仪，因为大方得体的坐姿不仅体现个人的修养，也会给对方留下一个好印象，正所谓"须臾落座间显贵气"。

赵总是一家金融公司的部门经理。一次，他代表公司和国内一家银行行长谈业务合作。为了达成此次合作，赵总去之前做了充足的准备工作，包括精心制作了PPT和文件资料，甚至对对方可能会问到的问题，都提前做好了预案，当天双方谈得非常愉快。赵总心想，这次合作肯定没问题。一周后对方打来电话，告知已经和另外一家金融公司达成合作。这时的赵总百思不得其解，不清楚到底是哪个环节出了问题。后来在一次社交活动中，赵总见到了那位行长的助理，就向他询问关于上次谈判到底是哪里出了问题，行长助理说："其实你们两家金融公司提供的方案都很不错，但行长觉得您的整体素养有待提高，我们行长非常注重礼节，但您在和他沟通的时候，双腿一直在抖动，还时不时地跷起二郎腿，给行长留下了不是很好的印象，最后就选择了另一家金融公司。"这时的赵总才恍然大悟，但为时已晚。

一、坐姿要领

1. 入座礼仪

入座时动作要轻、稳，尽量不要发出声响。如果有客人、长辈在场，要礼让一下，让客人先落座。女士穿裙装，要用双手轻拢裙摆再落座，做到落落大方。

2. 落座礼仪

坐姿要端正、挺拔，如果弯腰驼背，会给人以萎靡不振的感觉。具体做法是脊柱一定要拉直，上半身如纵轴直线，身体平面向两侧舒展，胸膛打开。上半身如果向内缩，会给人不自信的感觉。男士在坐着时，双脚自然打开约一拳的距离，双手自然平放在腿上，男士自信、挺拔的姿态跃然纸上。女士在坐着时，双脚并拢，双手相握自然垂放在腿上。整体动作要轻、稳、定，动作应是微收的，体现我们东方女性的柔美。

3. 离座礼仪

离座时要做到轻、稳，不要突然离座，给人留下冒失的印象。如果同时有他人离座，那么我们要学会礼让他人。

二、不同场合坐姿

正式的场合，我们不要坐满椅子，坐椅面的 1/2 或 2/3 即可。上半身挺直，微微前倾，呈现出一个倾听的姿势，传达出对对方的尊重。切不可呈现仰卧沙发的坐姿，这会给人一种居高临下的感觉。女士双脚需并拢，男士双脚微打开约一拳的距离，正式场合忌讳的坐姿是"跷二郎腿"，或者双腿不停地抖动，给人以不稳重和浮夸的感觉。同时要特别注意脚尖不要指向对方，这样很不礼貌。

休闲场合，手可以放在扶手上，或者"跷二郎腿"是可以接受的，上半身也可以微微靠在椅背上，可以随意放松些，不用过于拘谨。

第七课
养浩然之气：眼神的力量

《孟子》曰："存乎人者，莫良于眸子。眸子不能掩其恶。胸中正，则眸子瞭焉；胸中不正，则眸子眊焉。"意思是说观察一个人，没有比观察眼神更有效的了。眼神不会掩盖心中的恶念。胸中正直坦荡，眼神就会明亮清纯；胸中邪恶不正，眼神就会闪烁不明。同时，眼神也是人神韵的外在表现，它能反映出人的情绪状态和精神面貌，是人际沟通的媒介。只有当你同他人进行眼神对视的时候，才能建立交际的真正基础。因此，对于商务人士而言，我们要懂得在人际交往中正确使用眼神，传递美好，表达尊重。

一次，我受邀为国内一家地产公司讲授礼仪课程，学员是60多位青年员工。在前期课程需求沟通会上，企业方的领导跟我反馈说："尹老师，我们这些青年员工素质非常不错，能力强，但我发现他们有个问题，有些社恐，具体表现是当他们和公司领导、外部客户进行沟通交流时，腼腆、眼神不敢直视对方。您在培训他们时，重点给他们讲解一下社交中的目光礼仪。"事实上，这位领导反馈的问题，也是目前很多年轻职场人士存在的问题。因为互联网的发达，让我们日

> 常的购物、社交等都可以通过线上解决，所以大家线下面对面交流的机会减少，进而出现"社恐"的人越来越多，具体表现是对面对面沟通的恐惧，不知道在人际交往中如何正确地使用目光礼仪等。接下来，我将系统介绍目光礼仪以及解读社交中不同的眼神类型，进而提升沟通效率。

一、人际交往中，目光凝视的区域

1. 社交凝视

注视位置是对方双眼到唇的三角区域，这是我们在人际交往中经常使用的一种注视方式。这种注视方式传递的是友善、亲切和真诚，既表达了对对方的尊重、对话题的重视，同时也营造了一个轻松愉悦的交流氛围。

2. 公务凝视

注视位置是对方双眼或额头与双眼之间。适合比较严肃的场合，比如谈判，眼神传递的是严肃与认真，进而掌控谈话的主动权。

3. 亲密凝视

注视位置是对方双眼到胸之间。这种眼神仅适合恋人、家人等亲密关系。

二、人际交往中，目光凝视的时间

通常在商务交往中，双方目光接触的时长，不要低于谈话总时长的60%。千万别牢牢地一直盯着对方看，这种行为被认为是挑衅、咄咄逼人，是对私人空间的侵犯。

三、人际交往中，目光凝视的角度

在注视他人时，目光的角度，即其发出的方向，通常角度有以下几种。

1. 平视

双眼凝视的方向是正前方，视线呈水平状态，是商务场合常用的一种注视角度，表达的是平等、尊重和友好。

2. 仰视

目光向上注视他人，表达尊重、敬畏和敬仰，通常适用于面对尊长老师等。

3. 俯视

目光向下注视他人，给人一种居高临下之感。通常不建议在商务场合用俯视，会给交流的对象带来压力，也容易和对方产生距离感，不利于商务交往。

四、解读不同的眼神，让人际沟通更有效率

1. 飘忽不定的眼神

当与人面对面沟通时，眼神总是飘忽不定和躲闪，一旦

遇到对方的眼神时，马上会转移视线。这种情况下，让人感觉他对对方有所隐瞒，或者对自己不自信。

2. 高傲的眼神

与人交谈时，眼睛全程不看对方，或是用眼光从上到下打量对方，这种眼神传达的是居高临下和轻蔑的态度。在人际交往中，忌讳的是这种眼神，这种眼神会让对方感到非常不舒服，觉得没有被尊重。

3. 敌意的眼神

双方在沟通交流时，一方故意斜视对方，同时把嘴角向下撇，这种眼神传达出敌意和不友好，会给对方带来压力。

4. 友善的眼神

与对方交流时，眼神是微笑和友好的，嘴角是微微上扬的，这样的眼神非常有亲和力，传达的是友善。

5. 重视的眼神

与对方沟通时有眼神接触，时不时地看向对方，表达对对方的尊重，这样的眼神是重视的眼神。

第三章

商务人士的服饰礼仪

第一节 掌握不同场合着装要领，穿出职业与品位

第八课
掌握四个原则，让着装不再难

一个人的穿着打扮，是他教养阅历和社会地位的标志。对于商务人士来说，着装就像是一张名片，向对方传递着多重信息，包括身份、教育背景、个人品位、社会地位等，人们往往会不自觉地根据你的着装来判断你的为人。在不同的场合，掌握不同的着装原则，规范着装也是尊重对方、具有礼仪修养的体现。

> 某年在北京举办的一场国际性会议，国内一位知名企业设计总监上台发表了一场演讲，穿着灰色上衣且多处有明显的褶皱，白色短裤搭配白色休闲鞋。因为穿着过于休闲、PPT 制作随意等问题，遭到了很多与会者的反感，给人留下了不好的印象，后来被公司从管理团队中除名。由此可见，掌握着装原则，了解出席不同场合如何正确着装多么重要！

一、TOP 着装原则

世界公认的着装法则为 TOP 原则，TOP 是三个英文单词的缩写，分别为 Time(时间)、Objective(目的)、Place(地点)。对于商务人士来说，在选择穿什么服装时，要综合考虑时间、目的以及地点这三个核心要素。

首先是时间。一年有春、夏、秋、冬四个季节，一天有 24 小时，商务人士需要根据不同的季节特征和一天中不同的时间段来进行着装。比如，如果是上班时间段，那么我们着装要正式、符合规范。如果是晚上 8 点，属于下班时间段，我们则可以按照自己的喜好，选择休闲服饰。

其次是目的。在选择服装时，我们要考虑目的性。也就是我们希望留给别人怎样的印象。比如在正式谈判场合，我们希望表现出严谨、干练、职业的形象，那么着装自然要穿深色系的套装。如果参加考察、慰问等活动时，为增强亲和力，体现宽松、融洽的现场气氛，则可以穿便装，比如夹克衫等。

最后是地点，也可以称为场合。商务人士的着装，要考虑场合。越是正式的场合，我们的着装越要正式。比如，跟一位重要客户在公司会议室进行商务洽谈，这属于正式的商务场合，我们要穿商务正装。如果我们去酒店参加一个宴会，这属于社交场合，则需要穿礼服。

二、盛装原则

对于商务人士而言，如果出席一些商务活动，不清楚自己该如何着装并且主办方也没有明确规定着装类型，那么，穿得正式隆重些，是稳妥的选择。比如参加活动时，穿正装出席活动，到现场发现，大部分客人穿的是商务休闲服装，那么只要拿下领带，服装的正式度就降低了，就不会和现场的气氛违和。相反，如果穿正式度较低的 Polo 衫，到了现场发现大家都穿西服套装，那么就会非常尴尬，因为没有补救的余地了。所以，商务人士出席各种场合时，还是要穿得正式些。

> 有一次，我为一家金融企业讲授商务礼仪课程，当时企业的一位销售部经理跟我说："尹老师，我经常使用您说的这个盛装原则，有时我去参加会议或者出席活动，把握不准应该穿什么服装时，我就会穿得正式些，到达现场后，发现其他人穿得偏休闲，那么我就会把领带摘掉，或者把西服外套脱掉。"

三、适度原则

我们的着装，讲究的是适度。出席各类场合时，穿着不能过分夸张，更不能穿过于名贵的服装来进行炫耀，不要喧宾夺主。着装要符合身份和自身角色，不宜选择过紧、过露、过透、过短的服饰，也不可过分落伍，服饰尽可能以简洁、大方、得体为宜。

四、和谐美

服装要和周围环境相协调，美因和谐而产生。比如我们在户外大自然中活动时，如果穿一身深色系西服套装，显然和周围环境不协调，因为大自然色彩是鲜艳的、五光十色的，所以我们可以选择鲜艳颜色、浅色系的服装；如果出席正式的、严肃的场合，比如商业谈判、新闻发布会、重要的会议等，那我们的服装就要选择正式的商务套装，如果选择穿休闲的服饰，显然是对活动的不重视；如果出席一些高雅的社交场合，比如晚宴活动等，那么服饰要高雅、贵气，可以选择真丝、绸缎等面料的服饰。

孔子在《大戴礼·劝学》中有言："见人不可以不饰，不饰无貌，无貌不敬，不敬无礼，无礼不立。"这句话中的"饰"就是指穿着打扮。由此可见，在人际交往的过程中，注重自己的服饰，遵守着装规则，是非常重要的。选择合适的着装不仅会带给自己自信，也会在人际交往中建立起良好的第一印象，进而为自己赢来更多的机会和好运。

第九课
公务场合着装

公务场合，主要指的是工作场景，上班时间所处的场合，一般指白天。着装的整体风格是正式、保守，体现商务人士职业、干练的气质。不适宜穿牛仔裤、运动鞋等休闲装。公务场合的着装主要分为两大类，分别为商务正装和商务休闲装。

一、商务正装

穿商务正装的场合通常比较正式，比如正式的商务会议、商务谈判、媒体上镜、接见外宾、主持会议、签约仪式、正式的商务拜访等场合。在这些场合，我们的形象不仅代表个人，同时还代表企业甚至是国家的形象。所以着装要更加正式，传达出职业感和权威感。

> 英国权威礼仪指南《德布雷特手册》中，关于商务正装的描述是这样的：男士标准的"三件套"西装是单排扣或者双排扣外套，单排扣外套最下面一颗扣子不系，里面穿单排扣或者双排扣马甲，搭相同面料的西裤，穿马甲或者双排扣外套时可以不系腰带；标准的"两件套"西装是单排扣或者双排扣外套，没有马甲，搭相同面料的西裤，

> 穿单排扣外套时裤子需要系腰带；西装衬衫须是翻领，但是不能采用领尖上有纽扣的衬衣，衬衣从第一粒纽扣开始务必全系好，再打领带。[1]

具体来说，男士在这种场合的着装应是套装，即西装外套和西裤是整套的，采用同样的面料，颜色一致。西装颜色以深蓝、深灰为佳。长袖衬衫更正式，不宜穿短袖衬衫，衬衫颜色以白色、浅蓝色为佳。领带的图案不宜过大，可以选择小圆点、斜纹等几何图案（图3-1）。

> 有一次我为一家建筑企业讲授商务礼仪课程，一位先生对我说："尹老师，听了您这堂礼仪课程，我受益匪浅，以前我总以为黑色西服套装是最正式的，出席一些集团会议、外部重要活动时，我穿的都是黑色西装，现在才发现，以前穿错了。"

女士商务正装以整套为佳，裙套装或裤套装，上衣和下身颜色、面料一致。套装颜色中性色为佳，比如黑色、米色、蓝色、灰色等，里面搭配长袖衬衫或内搭。如果选择穿裙套装，裙子的长度及膝，不宜过长（图3-2）。

---

[1] 傅莹. 大使衣橱 [M]. 北京：中信出版集团，2021：683.

图 3-1　男士商务西装

图 3-2　女士商务西装

二、商务休闲装

商务休闲装适合参加培训、轻松的商务活动、参观考察、喝下午茶等场合。商务休闲装与商务正装的主要区别是严谨中有休闲的元素，不刻板。

男士的商务休闲装，不需要穿整套的西装，可以穿配套的西装，上衣和裤子可以是不同颜色。上衣可以是单件西服，西服的颜色选择范围很广，可以是深色、中性色，可以带各种条纹，西服里面的内搭一般为衬衫或 T 恤衫。衬衫颜色选择很多，各种白色或蓝色的条纹、格纹等，衬衫最上面的纽扣不系。还有一种典型的商务休闲西装，颜色为藏青色或深蓝色，纽扣为铜制或其他金属扣子。裤子有很多选择，常见的有休闲裤、卡其裤等。搭配的鞋子可以是系带皮鞋或者无系带皮鞋（图 3-3）。

图 3-3　男士商务休闲装

女士的商务休闲装，一般为不成套的搭配（不用穿套装），可以是单件西装上衣搭配裤子或者裙子，或者西装上衣搭配连衣裙。西装的颜色选择范围更广，可以是咖色、蓝色、绿色、米色、红色、棕色、白色等。也可以不穿西装上衣，用衬衫搭配有质感的长裤或裙子也可，鞋子可以是中跟皮鞋、鱼嘴鞋等（图 3-4）。

图 3-4　女士商务休闲装

第十课
社交场合着装

　　社交场合，主要指用于交际应酬的场合，比如宴会、鸡尾酒会、发布会、开幕式、颁奖仪式等场合。出席社交场合穿的服装跟平常工作场合不同，服装要更加隆重和华丽，需要穿礼服，接下来详细介绍社交场合的着装规范。

一、正式的典礼、宴会

　　请柬上的着装规范若标有 White Tie（白色领结），属于白领结晚宴，是非常正式的社交场合。这种场合男士需穿燕尾服，女士需穿大礼服。诺贝尔颁奖典礼属于这一级别，此外欧洲皇室的国宴，也是这一级别。

> 2012年诺贝尔奖颁奖典礼，在瑞典首都斯德哥尔摩音乐厅举行，在莫扎特《D大调进行曲》庄严的乐曲声中，包括莫言在内的2012年诺贝尔奖5个奖项的9位获奖者依次走上了舞台。诺贝尔文学奖获得者、中国作家莫言身穿黑色燕尾服出席诺贝尔奖颁奖仪式，莫言从瑞典国王古斯塔夫手中接过诺贝尔奖证书、奖章和奖金支票后，向各个方向鞠躬致意，观众席上响起了热烈的掌声。

男士的燕尾服外套是黑色，六颗扣子，但不系扣子。领子是戗驳领，前身短版及腰，后片及膝，自腰部中间开衩为两片，裤子是黑色，裤子两侧镶装饰缎带。穿在里面的礼服衬衣多为凸纹布，法式双叠袖口，需佩戴袖扣。衬衣外面须穿白色马甲，搭配白色领结，领结的样式为蝴蝶式或者菱形，搭配黑色漆皮亮面皮鞋（图3-5）。

女士的大晚礼服，长度至少至脚踝，常见拖地或落地长裙，越长越隆重。需佩戴珠宝或其他华丽首饰，无色透明丝袜或不穿袜，搭配晚装高跟鞋和小型晚装包（图3-6）。

图 3-5　男士燕尾服

图 3-6　女士大礼服

二、次正式的颁奖典礼、社交晚宴、重大庆典等

这类场合请柬上的着装规范标有 Black Tie（黑领结）、Tuxedo（燕尾服）、Evening Dress（晚礼服），属于黑领结晚宴的场合，其正式度仅次于上面的白领结晚宴。在这种场合男

士须穿黑领结礼服,也叫无尾礼服。外套多为黑色,常见的领型为青果领和戗驳领。领子的质地为缎面,搭配黑色长裤。里面的衬衫为白色,佩戴袖扣,搭配黑色领结,黑色漆皮鞋(图 3-7)。女士穿长款礼服,长度到脚踝或落地,搭配珠宝或珍珠项链,细高跟鞋,晚装包(图 3-8)。在这种场合,男士也可选择中式礼服,比如立领中山装,女士也可以选择中式的礼服旗袍。

图 3-7　男士黑领结礼服　　图 3-8　女士小礼服

有一次我国一家企业去美国进行交流学习,美方企业安排了社交晚宴,请柬上提示着装"BLACK-TIE",因为当时中方企业对国际社交场合的着装规范不了解,以为"BLACK-TIE"是佩戴黑色领带,所以中方企业参加人员大部分都是佩戴了黑色领带或者深色领带,到达现场才发

> 现，其他与会人员是穿礼服打黑色领结。由此可见，掌握国际社交场合的着装规范多么重要。

三、日常社交场合

商务人士经常会遇到一些日常的社交场合，其正式度没有上面两类那么高，比如鸡尾酒会、发布会、开幕式、舞会等场合。在这种场合男士可以穿商务正装，为了体现社交属性，要比平常的商务着装更隆重些，比如可以选择深色的西服套装，领带颜色可以更鲜艳，搭配口袋巾，法式袖衬衫搭配袖扣，亮面漆皮的皮鞋。女士可以选择西服套装、真丝质地的套装，或者经典的小黑裙也是不错的选择，搭配尖头的高跟鞋、精致的小包。

第二节 男士商务形象，得体很重要

第十一课
西服套装，永远是出席正式场合的好选择

道格拉斯·萨瑟兰说："判断一件西式外套值得一穿，最最重要的标志莫过于它的肩部必须十分合适。"男士出席正式的商务场合，西服套装永远是好的选择。那么该如何选择呢？接下来，我们将从以下几方面来系统介绍西服套装的选择。

1. 成品西装

是流水作业，成品西装的工艺是一版多套，经过统计区域范围人们身材尺寸套码制作，所以合身度会差一些。

2. 定制西装

在经济条件允许的情况下，建议定制一套高品质西装，是不错的选择。因为定制西装是量体裁衣，合身度会很高，非常适合商务人士。

3. 西装面料

面料是西装的灵魂，尽可能选择品质好的纯毛面料。通

常正式西装的面料是毛料，更高级西装面料是精纺羊毛。因为这样的面料垂感会比较好，穿出来更加挺括、妥帖和贵气，穿的时间也会更长久。

4. 西装款式

西装可以是三件套，上衣、马甲和裤子。也可以两件套，上衣和裤子。男士穿西装，重要的是合身。如果穿出松松垮垮或者紧身的效果，即使价格再昂贵、品质再好，也是不值得入手的。

5. 西装纽扣

西装最下面的纽扣永远不扣，如果是正式商务场合，或者媒体上镜、合影等重要场合，要把西装最上面的纽扣扣上，因为纽扣全部打开会显得过于随意。如果是双排扣西装，纽扣需全部扣上（图 3-9）。

图 3-9　男士西装最下面一粒纽扣永远不扣

> 有一次我为企业讲授商务礼仪课程，一位先生提问说："尹老师，三粒扣西装和二粒扣西装，最下面的纽扣都不扣吗？"我说："是的。"每次我的礼仪课程，关于西装纽扣的扣法是很多男士普遍关心的问题，以往大家的做法有的是全扣，有的是都不扣，存在误区。在我的系统讲解下，大家掌握了纽扣的扣法。

6. 西装领型

分为两种，戗驳领（图3-10）和平驳领（图3-11），戗驳领更正式些。还有一种青果领的领型，一般常见于男士的礼服。

图3-10　戗驳领西装　　图3-11　平驳领西装

7. 西装颜色

正式的商务场合，西装的颜色应以单色、深色为主，一般首选深蓝、深灰的颜色，颜色越深越有权威感。商务场合一般不穿黑色，在婚礼、葬礼、晚宴的场合，可以穿黑色西装。卡其色、白色、咖啡色、橄榄绿等颜色，属于休闲西装的颜色，不适合正式的商务场合。

8. 西装开叉与不开叉

西装开叉通常分为三种类型，分别为后侧双开叉、中间开叉、无开叉西装。

（1）双开叉：正式度较高的是后侧双开叉西装，因为能遮挡腰部赘肉，起到修饰身材的作用，同时能够让人有更大的活动空间。

（2）中间开叉：在休闲西装中，常见到中间开叉类型。在穿这类西装时，要注意后边开叉要处于闭合、妥帖的状态，才算得体。如果开叉不闭合，就说明西装大小不合身。

（3）无开叉：能够修饰身材，看起来更加得体、整齐，但因为无开叉，所以会限制活动范围。

> 有一次我为北京一家央企讲授商务礼仪课程，现场专门安排了服饰点评辅导环节。关于男士西装，现场80多位学员中，有的穿双开叉西装、中间开叉西装，也有穿无开叉西装，三种类型都有。其中一位学员提问说："尹老师，这三种类型，哪一种正式度更高？"事实上，这个问题也是很多男士普遍关心的问题，建议首选双开叉西装，因为双开叉能够使西装在后背伸展得很平整，可以很好地修饰身材。

9. 西装口袋

为了让西装穿起来更加美观、得体，西装口袋通常不放东西，是起装饰作用的。其中上衣左侧口袋，如果出席社交场合，可以放口袋巾，目的是增强服装的隆重度。上衣内侧的口袋可以放名片或者钢笔之类的小型物品，西裤口袋尽量不要放东西。

10. 西装商标

在首次穿西装时，切记要及时把西装商标拆除，这是很多男士容易忽略的问题。

11. 西装合身标准

西服的衣长要能盖住臀部，现在也有一些短版时尚小西装，但这种西装不适合正式的商务场合穿。西服下摆要服帖平整，当手垂下时袖长要能盖住腕骨，西装后领要能贴着颈部，中间不要有空隙，这样才得体。

12. 西裤选择

正式商务场合，西裤应与西装上衣是成套的，面料颜色一致。正式的西裤款式是直筒的。裤长很重要，裤长如果过长，会在小腿下方堆积起来，会穿出拖沓不利落的感觉。裤长多长合适呢？有一个参考的标准，不穿鞋时，裤子底边刚好碰到地面。裤长也不能太短，完全露出整个鞋子就不合适。过紧或过松的西裤，都不适合在正式的商务场合穿，是属于偏向于休闲的西裤，适合休闲场合穿。西裤的腹部一般有两种剪裁，一种是打褶款，另一种是没有褶子款，一般身材较好的男士可以选择没有褶子的款式，突显身材。身材较胖者，可以选择有褶子的款式，能够适当遮挡胖的部位。

俗话说："佛靠金装，人靠衣装。"衣着不能成就一个人，但是能极大地提升一个人的形象，而一个得体、优雅、职业的形象，会为我们敲开无数机会的大门。

第十二课
衬衫，穿出权威与专业

衬衫，是男士出席正式场合必备单品之一。如何把衬衫穿出职业感、权威感，以及在选择衬衫时应该注意哪些细节？接下来我们系统介绍衬衫。

1. 面料

首选纯棉质地，纯棉面料品质佳，手感好，很适合商务人士出席正式的场合。丝质衬衫和麻质衬衫不适合正式的商务场合，可以在休闲场合穿。

2. 领型

如果是搭配西装穿，要选择翻领衬衫，穿着时衬衫衣领要高于西装衣领才得体。立领衬衫和扣领衬衫都偏向休闲，不建议正式场合穿（图3-12）。

图 3-12　衬衫衣领高于西装衣领

> 2022 年我代表企业参加一场重要的商务活动，出席者大部分是各个企业的管理层，主办方安排了一个发言环节。其中一家企业的领导在台上发言时，我敏锐地发现，他身穿一整套笔挺的藏蓝色西装，但西装里面搭配的却是一件蓝色扣领衬衫，极大地降低了他着装整体的正式度，因为扣领衬衫属于休闲衬衫，不适合今天正式的商务场合。

在选择衬衫时，还有考虑自身脸型，选择和自己脸型互补的衬衫领型。通常，标准领衬衫适合大多数人的脸型。如果脸部很圆，可以选择尖领衬衫，起到拉长脸型平衡面部轮廓的作用。如果脸型偏窄，下巴尖，不要选择尖领衬衫，因为看上去脸型会更尖，可以选择标准领衬衫。

3. 颜色

白色衬衫正式度较高，浅蓝色也可以。颜色越深的衬衫，正式度越低。像黄色、绿色、灰色等颜色衬衫，适合休闲场合穿。

4. 袖长

正式场合不要穿短袖衬衫，长袖衬衫正式度较高。在穿着时，需注意衬衫的袖长要长于西服的袖长，露出 2 厘米左右是比较合适的（图 3-13）。

图 3-13　衬衫袖长露出 2 厘米

5. 袖口

衬衫的袖口主要分为两种，法式袖口和纽扣袖口。法式袖口正式度更高，适合在比较正式的商务场合穿，需要配上袖扣（图 3-14）。纽扣袖口，是一种很常见的衬衫款式，适合在大多数商务场合穿。

图 3-14　法式袖口，需要佩戴袖扣

6. **纽扣系法**

如果系领带，那么衬衫最上面的纽扣需系上。如果不系领带，衬衫最上面的纽扣可以打开。

7. 衬衫下摆

要放进西裤内才正式，下摆放在裤子外面，是一种休闲的穿法，不适合正式场合。

8. 衬衫里面

在冬季，为了起到保暖效果，男士会在衬衫里面穿背心或保暖内衣，这种穿法可以。但要选择无痕、颜色稍浅的内衣，这样就不会从衬衫透出来。内衣的领口不要太高，不要露出来。

第十三课
领带的选择与系法

正式的商务场合，男士需要佩戴领带。领带不仅能传达职业素养，也能彰显个性和品位，接下来我们系统介绍领带的选择与系法。

> 演员A是某品牌汽车的代言人，一天，他现身该品牌新款汽车的发布会，A当天一身笔挺的西装，看起来非常的正式，但是刚坐在嘉宾席上的他，忽然发现自己脖子上似乎少了点什么，他猛然发现，没戴领带，如此重要的场合，不戴领带，会显得不够重视本次活动。他连忙向着台

> 下的工作人员比画了半天，工作人员心领神会，赶忙给A送上了一条领带。A扎领带甚是熟练，几下就扎好了，顿时让自己的着装显得更加庄重。一条领带，在关键时刻，起到了重要作用。

1. 领带面料

有丝绸、棉质、羊毛等，丝绸领带适合较正式的商务场合佩戴，因为丝绸复原力强，垂度好，显贵气，可以常年佩戴。毛质领带过厚，不适合夏天佩戴，秋冬季节可以佩戴。亚麻的领带属于休闲领带，不适合正式商务场合佩戴。

2. 领带宽度

一般要与西服翻领的宽度相匹配。

3. 领带长度

不要完全盖住皮带扣，也不要在皮带的正上方，能够碰到皮带扣即可（图3-15）。

图 3-15 领带长度碰到皮带扣

4. 领带颜色与图案

佩戴什么颜色领带主要看场合。蓝色系领带更能体现职业感和权威感，是商务人士的首选。红色领带适合喜庆的场合，比如开幕、庆典、颁奖等场合。颜色特别鲜艳和亮丽的领带，适合在社交场合佩戴，不适合商务场合佩戴。素色、小圆点、斜条纹、格纹等几何图案的领带比较正式。一些飞禽走兽、卡通图案、大的抽象图案的领带要慎重佩戴，不适合正式的商务场合。

5. 领带款式

下端为箭头的领带，较正式；下端为平头的，正式度低，不建议正式场合佩戴。

6. 领带的系法

常见的为温莎结和半温莎结。温莎结是尺寸较大的领带结，适合宽领衬衫；半温莎结打出来的结比温莎结要小，适合大多数的衬衫领及场合。

7. 领带保养

每次用完领带后，要把领带结松开，让领带充分休息，这样使用的年限更长。好的领带只能干洗，不能水洗。

小知识：领带的起源

领带的前身是领巾。领巾在17世纪成为欧洲男士的常用物品，最初目的是御寒。当时军人刚刚经历了漫长的"30战争"，而那段时间，欧洲遭遇极寒，瑟瑟发抖的法国士兵被克罗地亚士兵围在颈部的领巾迷住了。后来，这种实用的领巾在法国人中也流行起来，其名称"克瑞瓦特"来自法语词cravate，也许就始于"克罗地亚人"这个词。"克瑞瓦特"在欧洲其他国家也很快流行起来，并逐渐演化为不可或缺的装饰，用一种轻薄的本色亚麻、棉布或者丝绸制成，后来又发展出各种材质和样式，可以松松地打一个结，也可以系成蝴蝶结。19世纪，"克瑞瓦特"出现上浆和加固的特点，在系法上花样也更多了。真正的"领带"雏形是19世纪二三十年代出现的，在工业化加快脚步的大背景下，更加方便和实用的领带自然更受欢迎。此后，领带在设计和结构上有了许多改进。20世纪50年代，窄领带出现，现代版的领带逐渐取代领巾，占据了主导地位。[1]

第十四课
皮鞋与袜子，细节中显得体

有一次我在北京参加一场葡萄酒品鉴的活动，现场很多人都是来自各行各业葡萄酒的爱好者。当天的活动分为两部分：第一部分由一位葡萄酒品鉴师专门介绍葡萄酒品

---

[1] 傅莹. 大使衣橱[M]. 北京：中信出版集团，2021：318.

> 鉴的礼仪，第二部分是大家自由品鉴环节。坐在我旁边的是一位先生，40岁出头的样子。当我低头做笔记时发现，这位先生穿着白色袜子搭配黑色商务皮鞋，因为袜子和西裤长度都偏短，所以小腿非常醒目地露出来了。其实这是不符合着装礼仪的，搭配黑色商务皮鞋，首选深色系袜子才合适，且袜子长度不能太短。

一、正装皮鞋：适合正式的商务场合

1. 颜色

黑色系带皮鞋，正式度较高，男士搭配西装穿的正装鞋通常是德比鞋和牛津鞋（图3-16）。

2. 鞋面

不要有太多的装饰，太多的装饰会降低正式度。

3. 鞋底

皮底鞋的正式度较高，胶底皮鞋偏向休闲。

4. 搭配技巧

皮鞋与男士皮带的颜色要协调。黑色皮鞋搭配黑色皮带为佳，棕色皮鞋搭配棕色皮带为佳。

5. 皮鞋保养

不要连续多天穿同一双鞋，要给鞋留出休息时间，可以两双鞋或者三双鞋轮换着穿；建议使用鞋楦，将鞋楦插入鞋内，可以使鞋子保持原来的形状，防止鞋子变形。某些鞋楦的材料还可以吸收鞋子内部的潮气，使鞋子内部保持干燥，防止霉菌滋生。长期保存的鞋子如果没有鞋楦支撑，易产生皱纹、变形等，使用鞋楦可以避免这些问题。

图 3-16　男士正装皮鞋

二、袜子

1. 颜色

袜子起到衔接皮鞋和西裤的作用，颜色不能太出挑。黑色、深灰、深蓝颜色的袜子适合搭配正装皮鞋。白色袜子、浅色袜子或者带有各种条纹等图案的袜子不适合正式场合。

2. 面料

首选纯棉质地的袜子，透气性会更好。一些尼龙袜子的透气性不好，不适合搭配正装鞋来穿。

3. 长度

经常看到有的男士坐下来的时候，会露出小腿皮肤，这就说明袜子长度不够。判断袜子长短是否合适的重要标准是坐下来的时候不要露出小腿。

4. 禁忌

在正式商务场合，千万不要穿休闲袜搭配正装皮鞋。

第十五课
配饰选对，彰显贵气

配饰在男士整个着装中占据着重要的地位，是服饰的点睛之笔。一副优雅的袖扣、一条精致的口袋巾，可以提升商务人士的形象和气质，彰显其品位。

> 2018年我受一家企业的邀请，讲授商务礼仪课程。在前期的课程沟通会上，企业方的领导跟我说："尹老师，我们员工在日常着装，包括配饰的佩戴方面需要提升，请您着重介绍一下这方面的礼仪。"当天在课程现场，我确实发现了不少问题，比如有一位市场部员工穿着一身职业套装，但搭配的是一条休闲风格的皮带；另一位来自营销部的员工右手佩戴了一个大绿宝石的戒指等。关于配饰的选择和佩戴，是很多商务人士很关心的问题，特别是出席正式的场合时。接下来，我将系统地介绍男士配饰的选择与搭配技巧。

一、男士皮带

正式商务场合，首选黑色皮带，牛皮材质为佳。

皮带上的图案或 Logo 不宜过大，低调的图案更能彰显品位和内涵。注意佩戴皮带时，不要在上面悬挂钥匙或其他装饰品，这样会降低着装的正式度。

通常，皮带颜色如果能够与皮鞋颜色相呼应会更好。正式场合，黑色皮带搭配黑色皮鞋。休闲场合，可以选择棕色皮鞋，搭配棕色皮带与之呼应。

对于身材较胖的男士，也可以用背带代替皮带。

二、口袋巾

社交场合，为了增加服饰的隆重程度，佩戴口袋巾是商务人士的理想选择。小小的一条口袋巾，既能彰显男士的个性和品位，又能为服饰增色不少。

在颜色上，口袋巾颜色要与领带颜色相呼应。比如，带有蓝色小圆点的领带，可以搭配纯蓝色的口袋巾，看上去会更协调。

在搭配上，如果领带是素色的，那么口袋巾就可以选择带花纹的。口袋巾和领带，在图案上不要两者都是带花纹图案的，因为这样上半身的焦点太多，也会给人不稳重的感觉。

口袋巾的叠法有很多种，操作起来比较容易的一种叠法是一字形折叠法，露出一个平整的边角，露出 2~4 厘米，如

图 3-17 所示。

图 3-17 口袋巾

三、袖扣

袖扣主要是用于搭配法式袖衬衫，多用于社交场合和商务场合。在 19 世纪 50 年代出现了法式袖口，上下对称，其开衩长度比一般的衬衫要长。后来出现了袖扣来搭配这种袖口。袖扣一般分为球形袖扣、子弹袖扣、链条袖扣等。因为袖扣的位置是在手腕处，很醒目，所以要尽可能选择品质好的袖扣。袖扣的色彩和风格要与整体服饰有一定关联性（图 3-18）。

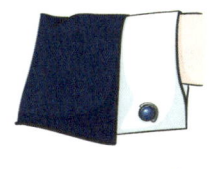

图 3-18 袖扣

四、公文包

商务人士外出参加会议、拜访等需要拿一个公文包，用来放电脑、文件等资料。在公文包的款式选择上，手提式公文包更加正式，不宜用双肩包、斜挎包等款式。正式场合，优先选择黑色皮质的公文包，能够与黑色皮带、黑色皮鞋形成呼应（图 3-19）。不建议使用一些棉质或帆布材质的包，它们更适合休闲场合。

图 3-19　公文包

五、戒指

现在很多商务人士选择佩戴戒指。需要特别注意的是，佩戴戒指的数量不宜过多，一枚戒指足以，通常会选择佩戴婚戒。除了婚戒，其他戒指尽量不要佩戴。特别是一些突兀夸张的戒指要慎重佩戴，比如大个头绿宝石戒指、图案过于花哨的戒指等，它们都不适合正式的商务场合。

第十六课
中山装，经典的中国男士礼服

服饰是一个国家、民族礼仪文化的载体，男士出席社交场合，特别是国际社交场合，穿着带有中国文化属性的中山装是非常好的选择（图3-20）。按照国际习惯，民族服装具有礼仪功能，因而世界很多国家的民族服装，包括我国的中山装、旗袍等，都可以出现在国际社交场合。

图 3-20 中山装改良版

中山装是由孙中山先生提倡并以其名命名的，中山装吸取了日本服装的长处，又结合中国服装的特点，从诞生到 20 世纪 80 年代初，是我国男性的主要服装。1929 年 4 月，国民政府第二十二次国务会议议决《文官制服礼服条例》提出："制服用中山装。"1936 年 2 月，蒋介石下令全体公务员穿统一制服，式样为中山装。从此，中山装正式成为当时全国公务员的统一制服。20世纪80年代以后，西装开始流行，但中国国家领导人在出席国内重大活动时，依旧习惯穿中山装。2009年，中华人民共和国成立60周年华诞，胡锦涛等国家领导人身着中山装面向世人、面向世界。中山装的背后，承载的是我们中国人的一种精神、一种文化、一种礼仪、一份民族自豪感。

  2023年我到中山市出差，特意去参观了孙中山故居纪念馆，在展馆里看到了陈列的中山装，颜色为军绿色。后来了解到中山装的寓意：衣服前面四个口袋各代表礼、义、廉、耻，四个口袋的四粒纽扣代表人民拥有"选举、罢免、创制、复决"四权，前襟五粒纽扣代表立法、司法、行政、考试、监察，这就是五权分立。左右袖口的三粒纽扣代表三民主义"民族、民权、民生"；后背不破缝，表示国家和平统一之大义；衣领为翻领封闭式，显示严谨治国的理念（图3-21）。

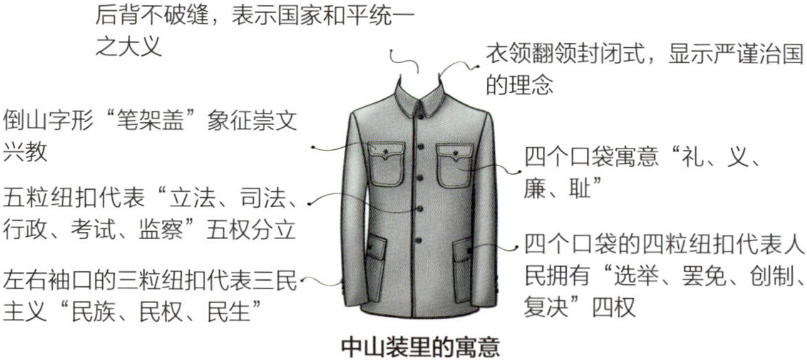

图3-21　中山装寓意

> **案例**
>
> 1971年10月25日，联合国第26届大会通过决议，恢复中华人民共和国在联合国及其一切机构的合法席位。出席联合国大会的中国代表团出发前夕，周总理接见代表团，还嘱咐代表团成员要注意服饰穿着，说出席正式会议时，中国代表要穿中山装，不要穿西服。他说："你们可是代表中国啊！"[1]

近年来我们看到，国家领导人在重大的国际场合开始身着中式礼服面向世界。例如，2014年国家主席习近平和夫人彭丽媛在荷兰阿姆斯特丹王宫以及在比利时布鲁塞尔拉肯宫身着中式服装出席荷兰威廉-亚历山大国王、比利时菲利普国王举行的盛大国宴。习近平主席和夫人的中式礼服，让世人眼前一亮。习近平主席所穿的中式礼服，是对传统中山装进行了改良，放弃了中山装的翻领、明扣，采用三个暗兜，饰帕巾，既保留了中式服装的传统，又采纳了西服某些元素，将其巧妙地结合在一起，尽显中华文化的现代表达，彰显出东方人的优雅、沉稳、自信。

中华文化的传承是对中华文化的延续，而中式服装则体现了中华文化的这一属性。我们在国际社交场合选择穿中式服装，是在全球面前展现中华文化的独特传承，更是文化自信的展现。

---

[1] 吴德广. 礼宾轶事[M]. 北京：五洲传播出版社，2017：315.

第三节　女士商务形象，穿出优雅与内涵

第十七课
女士商务正装的选择

> 电视剧《我的前半生》中，职场精英唐晶一角在剧中的穿搭圈粉了很多人。一套套精致典雅的套装，把职场精英的干练与优雅，以及走路带风的女强人气场演绎得淋漓尽致。她在剧中的服装几乎没有艳丽的色彩，黑、白、灰和驼色占据大多数，面料讲究且剪裁简洁。比如，一件典雅的白色衬衫搭配黑色西装外套，高级又优雅；天气冷时，在西装外加一件有质感的驼色长款大衣，简约、内敛又时尚，简直是行走的穿搭教科书。

一、商务正装

出席正式的场合，女性要优先选择穿商务套装，包括裙套装和裤套装。重要的是，上衣和下衣是成套的，颜色、面料

质地、风格一致。越是正式的场合，越要选择穿套装。为了避免服饰的单调性，可以再搭配一条项链，或配上一条丝巾也是不错的选择。这样穿出来的感觉是既有职业度，同时又带有一丝女性的柔美（图 3-22、图 3-23）。

图 3-22　裙套装　　图 3-23　裤套装

1. 西装颜色

有很多选择，比如米色、黑色、咖啡色、灰色、蓝色等颜色，中性色为佳，正式商务场合的套装颜色不宜太鲜艳。

2. 西装款式

不宜选择有太多装饰的西装款式，比如带有蕾丝装饰、各种珠饰、绣花图案的西装等，正式度偏低。西装的袖长一般分为短袖、五分袖、七分袖、长袖几种，袖越长越正式，正式场合优先选择长袖西装。

3. 裙子款式与长度

裙子的长度在膝盖左右较合适，裙子的款式为直筒窄裙，其正式度较高。裙长不宜太长，比如长度到脚踝部位的百褶裙，更适合去海边度假等休闲场合。短款 A 字裙，显得女性小巧可爱，更适合休闲场合。

4. 西裤

与西装上衣最好是成套的，正式度较高的是直筒长裤。

二、套装配件

1. 衬衫

在西装外套里面搭配一件衬衫，干练优雅。衬衫的款式可以是翻领衬衫、立领衬衫等。需要注意的是，在穿着衬衫时，需将衬衫下摆放进裤腰或裙腰，这样穿才正式。

2. 内搭

建议职场女性在家里多准备几件不同色彩的内搭，用于和不同颜色的西装外套搭配。内搭的选择，面料要讲究一些，比如丝质、毛质等面料。正式场合用于搭配西装的内搭，尽量不要选择棉质内搭，容易穿出休闲的感觉。

3. 丝袜

工作场合，穿裙套装时，要搭配丝袜才正式，贴近肤色的肉色丝袜是首选，不宜选择带有各种暗纹、颜色鲜艳的丝袜。通常，夏季搭配套装优先选择肤色丝袜。冬季套装的面料较厚，可以选择黑色长筒袜。

第十八课
鞋，职业与优雅并存

对于商务人士而言，鞋不仅仅是配件，更是展示自我的重要元素。选对鞋，不仅能提升你的气场和能量，甚至能让你的坐姿、谈吐都会变得与众不同。在选择鞋时，既要舒适得体，能满足商务人士高强度的工作要求；又要时尚美观，能体现商务人士的品位；同时，还要考虑出席的场合。所以选对鞋，并不是一件容易的事。

> 有一次我受北京一所大学的邀请，为大四学生讲一堂面试礼仪的课程。课前沟通时，一位老师跟我说："尹老师，安排这次面试礼仪的课程，是因为同学们即将要参加各种面试，包括去金融机构、互联网公司、国企央企单位，还有公务员的面试等，所以重点讲解一下面试着装礼仪。"记得那次课程现场来了100多位同学，课程反馈非常好，结束后一位女同学走过来跟我说："谢谢尹老师，听了您的礼仪课，我受益匪浅，原本打算穿一双6厘米的粉色高跟鞋，去参加一家国企单位的面试，现在我明白这么穿不合适。"

一、商务皮鞋

出席正式的商务场合，关于鞋的款式、颜色等细节选择上需要注意以下几点。

1. 颜色

搭配套装的鞋，黑色为佳。黑色亚光皮鞋较合适，不要选择光泽度过高的黑色漆皮鞋。

2. 款式

船式皮鞋较正式，露脚趾的鱼嘴鞋、乐福鞋、凉鞋均不适合正式商务场合。

3. 鞋头

圆头皮鞋、方头皮鞋。

4. 鞋跟

不宜太高，3厘米到5厘米的高度较合适，鞋跟不要太细，中等粗度即可。像8厘米的高跟鞋，适合出席晚宴等社交场合（图3-24）。

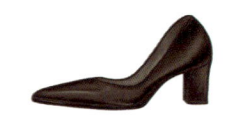

图 3-24　商务皮鞋

二、礼服鞋

适合出席酒会或晚宴场合，鞋的款式和风格要更隆重些，具体如下。

1. 款式

高跟鞋、露脚趾的鱼嘴鞋均可。

2. 鞋跟

通常 5 厘米到 8 厘米的细高跟,晚装鞋的鞋跟不宜太矮。

3. 鞋头

通常为尖头。

4. 质地

缎面、金属质感的皮质、漆皮均可。

5. 颜色

颜色的选择可以有多种,关键是要与服装的颜色相协调。鞋的颜色可以与服饰中的任何一项一致,可以是包、腰带、上衣等,起到呼应的效果,使得服饰和鞋整体看上去是浑然一体的(图 3-25)。

图 3-25 礼服鞋

第十九课
配饰，让着装更有仪式感

在正式的商务场合，佩戴恰当得体的配饰，不仅能提升气质，彰显东方女性之美，而且能让我们整体服饰变得更加精致，表达自信和力量，正如一句广告语："精彩'饰'界，多彩人生"。

> 我个人比较偏爱珍珠配饰，因为它质地细腻，带有温柔的光泽和满满的高级感，可以很好地衬托女性温婉的气质。因为工作的原因，我需要经常出席一些较正式的场合，在这些场合中，我通常会用珍珠来搭配我的服装。比如一套蓝色系的商务套装，我会用一副白色珍珠耳钉和一条白色珍珠项链搭配；如果是黑色的商务套装，我会用金色珍珠耳钉搭配；如果出席社交场合，那么用珍珠项链搭配小黑裙也是很经典的搭配。

一、佩戴原则

商务人士出席商务活动，配饰是必不可少的。配饰能够让整体着装更有仪式感。在配饰选择上，应遵循以下几个原则。

1. 数量

在数量上遵循的原则是宜少不宜多。通常正式的商务场合，女性的配饰不要超过三样。

2. 品质

一定要选择高品质、简洁、大气的配饰，让配饰成为整体服饰的点睛之笔，起到提亮的效果。

3. 质地一致

珍珠耳钉，搭配珍珠项链就很协调；而珍珠耳钉搭配一枚金项链，效果就没有前者好。在质地上，尽可能做到一致。

4. 颜色

颜色搭配要协调，不宜太多颜色。比如金色的耳饰，搭配金色的胸针，就能起到遥相呼应的效果。如果金色的耳饰，搭配银色的项链，整体就不太协调。因为金色属于暖色调，银色属于冷色调，冷暖色调放在一起是相互排斥的。

5. 搭配

要有一定的关联性。耳饰的线条如果是圆形，那么搭配表盘是圆形的手表会更合适。注意配饰之间的线条要能呼应一致。

二、商务场合的配饰选择

1. 手表

一枚高品质手表，是商务人士的标配。切记不要选择休闲型或运动型手表来搭配商务套装。

2. 耳饰

耳饰不宜选择过于夸张的风格，小巧精致的耳饰是理想的选择（图 3-26）。

3. 项链

在预算范围内，选择品质较好的项链，款式简洁大气，项链坠不宜太大。比如，可以用珍珠项链搭配套装，珍珠形状柔和、温润光泽，能胜任任何高级的商务场合，是商务人士的理想选择（图 3-27）。

4. 胸针

胸针和项链二选一就可以，如果两者都佩戴，会显得上半身饰品过多，有失庄重（图 3-28）。

5. 丝巾

丝巾能帮助女性增添一丝柔美，同时起到提亮的作用。我们搭配套装的丝巾不宜过大，一块小方巾是理想的选择，如果套装的颜色为纯色，那么可以选择带有花纹图案的丝巾。如果套装的颜色是格纹或条纹，那么选择纯色的丝巾较合适（图 3-29）。

6. 包

女士手提式的包更正式，适合商务人士。包的材质选择皮质为佳，像帆布、棉纶、牛津纺等材质的包都不太适合出席正式的商务场合。包的大小适中，颜色不要太鲜艳，黑色是首选。黑色，代表沉稳大气，非常百搭，和各种颜色的套装搭配起来都不会有违和感。

图 3-26　耳钉　　图 3-27　项链

图 3-28　胸针　　图 3-29　丝巾

第二十课
旗袍，经典的中国女士礼服

商务人士出席社交场合，比如宴会、开幕式、典礼等场合，需要穿礼服，旗袍作为中式礼服是不错的选择。旗袍作中国独特的文化符号,被誉为中国国粹和女性国服。特别是出席国际性的社交场合,更是理想选择(图3-30)。

图 3-30　旗袍

《辞海》中有关旗袍的注解:"旗袍,原为清朝满族妇女所穿的一种服装,两边不开衩,袖长八寸至一尺,衣服的边缘绣有彩绿。辛亥革命以后旗袍为汉族妇女所接受,并改良为直领,右斜襟开口,紧腰身,衣长至膝下,两边开衩,袖口收小。"

1929年,中华民国政府确定旗袍为国家礼服之一。

1984年,旗袍被国务院指定为女性外交人员礼服。

2008年,在北京奥运会开幕式上,瑞典女运动员出场服装选用的是中国旗袍式样,超过10位各国奥运冠军要求做一件中国礼服——旗袍,用于自己的婚礼。

2011年5月23日,旗袍手工制作工艺成为国务院批准公布的第三批国家级非物质文化遗产之一。

2014年11月,在北京举行的第22届亚太经济合作组织会议上，中国政府选择将旗袍作为与会各国领导人夫人的服装。

近几年来，我有机会给制造、能源等类型的企业讲授国际礼仪课程，这些企业的业务遍及欧美、东南亚、中东等国家。在国际交往中，出席一些社交场合选择穿什么服装合适，是大家普遍关心的问题。出席这类国际社交场合，中式礼服自然是首选，比如女士的旗袍，男士的中华小立领、中山装等中国民族服饰，带有浓郁的东方气息，通过服饰传播中国文化的同时，也让世界更好地了解中国，进而赢得更多国际友人的认可与支持。张颖女士，是前驻美国使馆参赞，在《服装与礼仪》这篇文章中写到，一次她和先生参加时任总统里根及其夫人在白宫举办的招待会，她穿着一件白色镶银线的锦缎长旗袍，披了一条银灰色手绣大纱巾，其中一位女士对她说："张女士，你今晚太漂亮了，无人能比啊。"这位女士还摸了她的旗袍料子，张颖女士笑着告诉她，这是世界有名的中国丝绸，这时张颖女士还拉起自己的彩绣纱巾，告诉她们：这是中国特有的双面绣工艺，一手可以绣出两面不同的花色，她们看到后都啧啧称奇。由此可见，中国服饰在世界的影响力非同凡响。

几天前，我的一位女性朋友要去美国参加孩子的毕业典礼，咨询我穿什么服装合适，我毫不犹豫地说："旗袍。"近年来，无论是中国企业还是个人，涉外国际交往越来越多，国际社交场合选择穿自己本国的民族服装是非常好的选择。因为服装是文化的外在表现，旗袍作为中国传统服饰的代表，以其独特的设计和内涵,能让世界各地的人们领略到中国传统文化的韵味,感受到东方美的独特魅力。

第二十一课
穿出美感与贵气的秘密

> 在物质极大丰富的今天,商务人士追求的不仅仅是穿得合适,而是如何穿出美感与贵气。因为服饰是有力量的,它能提升一个人的自信和气场。就像在电影《穿普拉达的女王》中的主人公安迪,刚刚从校园毕业,幸运地获得了在大城市纽约工作的机会,给时尚杂志主编米兰达担任助理。刚开始,安迪因为不懂时尚、不懂着装而被同事嘲笑,后来她开始改变自己的着装、注重自己的形象,发生了脱胎换骨的改变,最后赢得了老板和同事的认可,这就是服饰的力量。

那么如何穿出美感和贵气呢?通过我多年的观察学习以及和服装设计师交流,总结出以下三个原则。

一、好面料

好的面料能提升服装的品质，让穿它的人更显贵气。两件同样剪裁风格一致的衣服，但面料不同，穿出来的效果就会有天壤之别。那么如何判断面料的好与差呢？很容易判断，生物成分越高便越有档次和品质，像羊毛、丝绸、棉都是真正的高品质的面料。而像锦纶、涤纶、氨纶等面料属于合成纤维，穿出来的效果会差一些。西装的面料支数越高越高级，100~140支属于中等，150~190支属于高级，大于200支属于顶级。所以，商务人士在选择服装的时候，选择好的面料是关键。

二、素雅的颜色

颜色越柔和越暗淡便越有档次，穿出来的效果越贵气，而且永不过时。比如黑色、米色、白色、咖啡色、藏蓝色、灰色都是很经典的颜色。而像一些大红、大绿、芭比粉等鲜艳的颜色一定要慎重选择。男士一身剪裁合身、面料考究的藏蓝色西装可以穿很多年。女士一身典雅的小黑裙、米色系套装也是经典，像这些经典的颜色、简洁的款式才应该是衣橱里的常客。而像每一季的流行时尚单品，可以穿的时间则很短。大家可能对电视剧中的职场精英的角色印象深刻，职场精英整体着装的色调以素色淡雅为主，服饰的风格以简洁为主，给人一种高贵典雅的感觉。

三、穿出层次

艾莉森·卢里在《服饰的语言》中认为:"大体上,一个人穿的衣服层次越多,他或她的社会地位就越高。"在这里并不是说把层层单品套在身上以显得更有层次,而是要懂得恰当的搭配,让服饰更有层次感和美感。比如男士的一款典雅的领带、与领带相呼应的口袋巾、别致的袖扣、一款手表,这些细节组合在一起,会更有层次感、更贵气。女士的一款别致胸针、一对珍珠耳环、一款高品质的丝巾,都能为整体服饰增色不少,更有美感与层次感。

掌握上面三个原则,穿出美感与贵气并不难。同时,还可以经常去博物馆,欣赏一件件精美的艺术品,也能帮助我们提升审美能力。当审美能力提高后,自然而然我们穿出来的服饰就更具有美感和贵气了。

第二十二课
商务人士 19 个妆容小技巧

记得有一年的妇女节,我受一家企业的邀请,为女性

> 员工讲授一堂职场妆容技巧的课程。当时来听课的 30 多位学员中，大部分都没有化妆，她们对我说："因为平时工作忙，没有时间化妆。"我用了一下午的时间，系统介绍了化妆技巧并带领大家现场化妆实操练习，当她们看到镜子里妆容精致、更加漂亮的自己时，露出了自信灿烂的笑容，整个人的状态和刚来听课时完全不一样了。那一刻，我深深意识到，变美是一种无声的力量。化妆可以让一个人变得更自信、更美好，展现出更好的状态，进而才能更有力量地去面对工作和生活中的各种挑战。

接下来介绍适合商务人士的 19 个妆容小技巧。

第一，**做好皮肤管理**。如果皮肤粗糙、干燥，即使化妆技巧再好，也很难画出一个精致的妆容。这里的皮肤管理，并不是要定期去美容院做护理，因为那需要大量时间和大额的经济支出，会让很多人望而却步。在这里教给大家平时在家就可以做的皮肤护理方法。

小技巧 1：充足的睡眠，如果缺觉的话，会加速皮肤老化，保证每天 7 小时的睡眠很必要。

小技巧 2：在饮食上，多吃水果、蔬菜，远离垃圾食品。

小技巧 3：日常多给皮肤补水，睡前可以做个补水面膜，建议每周 2~3 次。

小技巧 4：做好防晒很重要。防晒是一年四季都要做的，养成出门前涂抹防晒霜的习惯。

小技巧 5：卸妆很关键。如果卸妆不彻底，很多污垢都隐藏在皮肤里，就会引发皮肤问题。建议大家每天睡前用专业卸妆油进行卸妆，这样会卸得比较彻底。

第二，**底妆是美丽的基础**。要想把底妆打好，除了涂抹水、乳液、精华这些基本护理外，还要注意以下三个关键点。

小技巧 6：上妆的顺序，从上往下、从中间往外、少量多次、顺着毛孔的方向轻轻拍打。

小技巧 7：借助化妆工具，比如在涂抹粉底时，用手拍打，就没有用粉底刷的效果好，因为粉底刷可以涂抹得更加均匀。

小技巧 8：用定妆粉做好定妆非常重要，能让妆容更加持久。

第三，**画眉**。眉毛，是整个妆容的点睛之笔。

小技巧 9：眉笔颜色要选择与自己头发颜色接近的，比如黑色头发，可以选择黑色或者深灰色的眉笔；头发颜色偏黄，可以选择棕色眉笔。

小技巧 10：在描画的时候，眉头颜色要浅一些，眉峰是整个眉毛的高点，颜色要画深些，眉峰至眉尾处，描画由深至浅。

第四，**眼妆的画法**。眼睛是心灵的窗户，所以眼妆很重要。眼妆一般分为三步：画眼影、画眼线、涂抹睫毛膏。

小技巧 11：眼影的画法，自眼睑下方至上方、由深至浅渐渐过渡，可以使眼睛更有神。

小技巧 12：眼线的画法，沿着睫毛上缘的部分，从内眼角开始画，延续到眼角外侧稍微拉长，这样眼睛在视觉上就会变大不少。

小技巧 13：涂抹睫毛膏，先用睫毛夹将睫毛夹得自然向上卷翘，再涂睫毛膏，涂抹的时候以 Z 字形涂抹，能起到拉长睫毛的效果。

第五，**打腮红**。腮红，能让我们面部红润，提升气色。

小技巧 14：选择适合自己的腮红颜色。如果皮肤白皙，可以选择浅色系腮红，如粉色系、浅桃色系等；皮肤偏黄，可以选择珊瑚色系腮红，起到提亮肤色的作用。

小技巧 15：日常淡妆的腮红打法，在颧骨脸颊的地方轻轻地用腮红刷点一点，即可以呈现脸部腮红了，过程简单且省时间。

第六，**涂口红**。口红，是整个妆容的灵魂。

小技巧 16：在涂口红前，用润唇膏做好润唇。

小技巧 17：涂的时候，可以先用唇线勾画出轮廓，然后再涂口红。

小技巧 18：下唇涂得要比上唇更宽一些。

小技巧 19：口红颜色要和肤色相协调。皮肤颜色较白，可以选择红色、橘色等色系口红；如果肤色暗沉，可以选择颜色较深或偏冷色系口红。

第四章

商务交往礼仪

第一节　商务会面礼仪，拉响交往的序曲

第二十三课
称呼礼仪：差之毫厘，谬以千里

在商务交往中，一个得体恰当的称呼，既能表达出对对方的尊重和敬意，又能体现我们的良好修养。它是人际交往的语言先锋官，是打开双方交流的金钥匙。它能让交际双方如沐春风，为未来合作打下坚实的基础。

一、称呼的分类

1. 职务性称呼

这是我们非常常见的一种称呼，是指在人际交往中，直接称呼对方的职务，表达对对方的尊重。职务性的称呼分为以下三类。

（1）第一种是直接称呼对方的职务，比如"董事长""总裁""总经理"。

（2）第二种是姓加职务，比如"王董事长""张经理"等。

（3）第三种是姓名加上职务，比如"王强董事长""李凯经理""张泽主任"等。

一般相对比较正式的商务场合，我们会用到第三种称呼。一般的商务场合，前两种称呼较常见。

2. 学术头衔称呼

通常在学术性场合，我们多用学术头衔称呼。比如博士、院士、学者等学术头衔。称呼时，姓加学术头衔，比如张博士、李院士等，以此来表达对对方学术的认可和尊重。

3. 技术职称称呼

主要强调在专业技术方面取得的成绩，表达对专业技术的尊重。比如高级工程师、高级经济师、会计师等技术职称，如张工程师、李会计师等。

4. 行业称呼

像老师、警察、护士等称呼，是属于行业称呼。

5. 一般性称呼

通常情况下，在不知道对方的姓名和职务等相关信息时，为了表达对对方的尊重，称呼男性为"先生"，女性称为"女士"。

二、称呼注意事项

1. 对方拥有多个头衔，应称呼哪一个？

在人际交往中，如果对方同时拥有学术头衔、职务、技术职称，那么我们应该如何称呼对方呢？主要看场合，如果在商务场合，那么我们优先使用职务性称呼；如果在学术性场合，那么优先使用学术头衔称呼、技术职称称呼。

2. 称呼有礼

称呼他人时，遵循"就高不就低"的原则。

3. 称呼有序

如果遇到需要向多人称呼时，要注意先后顺序，由尊至卑、由近至远、由疏至亲。

4. 记住对方的名字

在商务活动中，特别是人数较多的情况下，同时记住多人的名字是很困难的事情。有时会出现忘记对方的名字或者称呼错误的情况发生，那么如何避免这类状况出现呢？教给大家一个小技巧：一定要提前做足功课，在参加活动前，提前了解要见面人的姓名、职务等背景信息，做到心中有数。

小知识：称呼的变迁

称呼，蕴含着一个国家悠久文化历史的沉淀与变迁。回顾我国历史，清朝人称呼下对上，称为"大人""老爷"。辛亥革命后，孙中山对称呼礼仪进行改革，一律改称为"先生""君""同志"一类，没有高低贵贱之分。因此，才有了今天使用广泛的"先生""同志"的称呼。

第二十四课
自我介绍：自信庄重，落落大方

商务人士出席各种商务场合，一个得体恰当的自我介绍，能够连接彼此，让对方更好地了解自己，建立有效的人脉资源网络，为后续合作打下坚实的基础，由此可见自我介绍的重要性。

> 自我介绍的内容要根据场合和目的有所侧重，目的是为后续双方的合作埋下一个伏笔。这就要求我们在做介绍前，提前做好功课，了解对方的工作、职务、喜好等相关信息，在做自我介绍时，能够把自己放到和对方有关的网络里。以我个人举例，我是一位礼仪老师，有一次我去参加一个建筑行业的论坛，参会人员大都是来自建筑行业的人力资源从业者。我在做自我介绍时，除了介绍我是一位礼仪老师，还着重介绍了以往我服务过的几家知名建筑企业，以此来拉近彼此之间的距离，同时也为后续合作打下基础。果不其然，在后面不到半年时间里，我就陆续接到了来自上次建筑论坛两家企业礼仪课程的邀请。

一、自我介绍的类型

1. 工作式的自我介绍

主要指在工作场合，我们要向对方做一个自我介绍。工作场合的自我介绍时间不应过长，宜简洁，主要侧重提供与工作有关的信息。工作式的自我介绍主要包含三个信息：姓名、单位、职务，这三个基础信息是一定要展现给对方的。例如，大家好，我叫李丽，来自××公司，主要从事人力资源招聘工作。据我多年观察，很多人在工作场合的自我介绍很简短，通常只介绍名字这一个信息。这种过于简单的介绍，不利于在对方心中留下一个深刻的印象。

2. 交流式的自我介绍

适合社交场合，比如和对方一起用餐，氛围较轻松，自我介绍的主要目的是加强彼此了解，增进感情。所以这类自我介绍所包含的内容要更全面些，通常会包含姓名、单位、工作、籍贯、爱好、学历、彼此间的熟人关系等。提供的信息越多，越容易和对方产生共鸣。比如，当谈到爱好的时候，你喜欢艺术，对方也喜欢艺术，就会有更多的交流话题，那么下次见面时还可以相约一起看画展等。

3. 应酬式的自我介绍

通常在一般性的商务场合，嘉宾人数较多，并且对方并不是自己想要深度交流的对象时，出于礼貌，礼节性地介绍一下自己的名字，属于应酬式的自我介绍。比如，"您好，我是王佳"。应酬式的自我介绍宜简短，不需要大篇幅地介绍自己。

二、自我介绍的注意事项

● 自我介绍宜主动，这样才能把握主动权，不会错失良机。比如商务人士经常需要参加一些国内外的培训来提升自己，这是拓展人脉的好机会。因为在培训上，会认识各个领域的专业人士，主动介绍自己的专长，能让更多人认识你、记住你，会为自己在未来赢得更多的合作机会。

● 自我介绍的时间不宜过长，特别是工作式的自我介绍控制在一分钟以内即可。商务场合，不顾对方的感受，长篇大论地介绍自己是不礼貌的。

● 自我介绍时应自信从容、落落大方、面带微笑、语速合适、语气自然，展现出一种积极的状态。

第二十五课
介绍别人：尊卑有序，传递尊重

在商务交往中，有时我们需要作为介绍者，引荐被介绍者和受介绍者双方认识，以此搭建一座友谊的桥梁。得体恰当地介绍他人，能为我们创造更融洽的人际关系。正如《论语·颜渊》曰："君子敬而无失，与人恭而有礼，四海之内皆兄弟也。"

> 小李在一家科技公司担任营销专员，他负责的一位大客户王总来公司，与小李的领导周总有一次重要的沟通洽谈。这时小李作为介绍人，要引荐客户与自己的领导认识，小李是这样做介绍的：周总您好，这是来自××公司的客户王总……小李先把客户介绍给自己的领导，事实上这样的介绍顺序是不对的。客户是客人，是尊者的一方，应该先把自己的领导介绍给客户，让客户拥有优先知情权。

一、首先，介绍他人的原则："尊者拥有优先知情权"

即让尊者一方优先知道对面来的人是谁，介绍的顺序是这样的：

先把职位低者介绍给职位高者，让职位高者拥有优先知情权；

先把自己一方的领导介绍给客户，让客户拥有优先知情权；

先把晚辈介绍给长辈，让长辈拥有优先知情权；

如果引荐客人和东道主认识，应该先把东道主引荐给客人。因为在这个场景中，客人是尊者的一方，客人拥有优先知情权。

当涉及个人和集体时，把集体视为尊者的一方，因此先把个人介绍给集体。

二、介绍的内容

当我们作为介绍者，引荐被介绍者和受介绍者双方认识时，应多提供一些信息，不要只介绍对方的姓名，这样提供的信息过于简单，不利于双方建立连接。介绍时可以加入对方的工作、籍贯、爱好等信息，这样能够为接下来的交流提供更多的话题，便于双方建立更多的连接。

三、介绍时的注意事项

作为介绍者，我们引荐双方认识，要做到有礼有节，让双方都满意，这并不是一件容易的事，所以需要注意以下几个问题。

1. 介绍前，应提前跟双方打招呼

打招呼的目的，是征求一下双方的意见，以免让双方感到措手不及而造成场面尴尬。

2. 介绍时使用礼貌用语

介绍时不要太唐突，用礼貌用语提前做好铺垫，同时也给双方准备的时间。比如："李总，请允许我向您介绍"，或者"很荣幸为你们做介绍"等礼貌用语。

3. 介绍时的姿势

介绍时，介绍者、被介绍者和受介绍者，三方都应该站

立。如果是坐着介绍，则不礼貌。待介绍人介绍完毕后，被介绍双方应微笑点头示意或握手致意。

4. 介绍双方时，要一视同仁

不可以详细介绍一方，粗略介绍另一方，这样做是对另一方的不尊重。

5. 荣誉称呼

荣誉称呼，不受职业和职务的影响，一旦获得可以终生使用。在做介绍时，如果对方有荣誉称呼，我们一定要在名字的前面加上荣誉称呼。

第二十六课
名片礼仪：小名片，大智慧

在商务交往中，名片是我们使用频率较高的社交工具。小名片，大智慧，正确运用名片礼仪，能够有助于积累人脉资源，赢取更多合作机会。

一、名片材质与内容

1. 名片材质

要选择质量好的纸张，这样更易于保存。建议请专业人士对名片进行设计，注重美感。因为一张设计精美的名片会给人留下深刻的印象，同时也能体现主人的审美。名片颜色不要太花哨，不要有太多图案。

2. 名片内容

名片上的信息要包括姓名、职务、公司名称、公司地址、联系电话、公司标志等。如果是涉外交往，要准备双语名片，名片的一面是中文，另一面是当地语言。

二、名片递送礼仪

1. 递送名片的顺序

人际交往中，在双方初次见面问好后，要互赠名片，名片递送的顺序通常是职位低者先递送给职位高者，晚辈先递送给长辈，男士先递送给女士。

当对方是多人的情况时，先递给职位较高者。如果分不清职位高低时，可以先递送离自己较近的人，由近及远，依次递送；递送的时候需注意，应给在场的每一个人都递送。

> 随着微信在我国的普及，商务人士在人际交往中除了交换纸质名片，还使用电子名片，通过微信发送给对方。2024年，我在天津为一家企业讲授礼仪课程时，现场一位学员就问了这样一个问题："尹老师，现在我们很多商务场合使用电子名片，您觉得电子名片在什么时候递送合适？"

> 关于这个问题,我想谈谈我的观点。虽然现在关于电子名片的递送时机并没有太严格的讲究,但是我建议在双方见面交流进入尾声时,我们可以提出加一下对方的微信,然后通过微信发送一张电子名片给对方。因为发送电子名片有一个前提,需要加对方的微信,而微信属于个人隐私的社交软件,如果在双方见面之初就提出加对方微信并发送电子名片,有些贸然,可能会遭到对方的拒绝。

2. 递送名片的姿势

在中国,递送名片应是双手递送,这是我们东方人的习惯。欧美人士通常单手递送名片,当遇到这类情况时,我们也可以单手接过对方的名片,尊重对方的习惯。递送名片时应站立起来,坐着递送名片不礼貌,用拇指和食指拿住名片。需要注意的是,不要让拇指遮住名片上的内容,名片正面朝向对方,身体前倾,面带微笑。在递送时,可以适当寒暄,比如加入"请多指教""请多多关照"等话语(图4-1)。

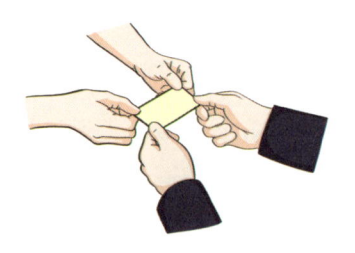

图4-1 递送名片

三、接受名片的礼仪

接受对方的名片应起身，用双手接过名片，不要马上把名片放进衣服口袋里，要先看一下名片上的内容，表示对对方的尊重，同时可以说"谢谢，很高兴认识您"等话语。

四、关于名片的存放

建议商务人士准备一个名片夹，当我们接过对方的名片后，可以将其礼貌地放进名片夹里，不应随意乱放，更不要在别人的名片上写字或描画涂抹。尊重别人的名片，也是一种修养的体现。

第二十七课
握手礼仪：传递真诚与友好

> 深圳一家知名企业人员来京，和北京一家企业洽谈商务合作，为期两天的商务洽谈进展得相当顺利。在他们即将离京的前一天晚上，北京企业的领导都出席为他们饯行。在席间，深圳企业的一位领导被问及此行感受，对接待工作是否满意时，回答说："你们的工作做得非常好，在

> 北京的这几天我们都感觉很充实，谈得也很愉快。但是，有一位先生似乎对我有意见，这让我很不开心。"话毕，对方用眼神示意坐在邻桌的一个小伙子。事出有因，那位小伙子是一个刚毕业不久的年轻人，原来他从深圳企业一行领导下飞机开始，每次与对方握手时，只是"象征性"地轻轻握一下，并且在握手时眼睛还看着其他地方。这个细节让深圳企业领导很不高兴，有很大意见。其实，那个小伙子并不是真的对人家有意见，只因刚参加工作不久，不知道握手礼仪还有这么多学问，再加上其他人也没有注意到他的疏忽，因此一错再错。

中国实行握手礼有100多年历史。辛亥革命后，由孙中山先生提倡，握手礼仪才逐渐流行起来。握手礼源于欧洲，表示停战示好的意思。中世纪的骑士们在战争期间都穿盔甲，除两只眼睛外，全身都包裹在铁甲里，随时准备冲向敌人。如果表示友好，就互相走近伸出右手，表示没有武器，代表不争斗、友好的意思。逐渐地，握手礼演变为商务活动中非常常见的一种致意礼仪，也是国际上通用的礼节。美国伊利诺伊大学心理学家桑达·道尔克斯（Sanda Dolcos）的研究表明，握手是一种社会性化学信号传递的方式，握手的时候能够刺激大脑中的神经回路，给对方营造一个友好、值得信赖的积极形象。

握手礼看似外显的是礼节，其精髓却是心中有礼，尊重他人，传递真诚与友好。握手时的力量、姿势、时间等不仅表达对对方的态度，也是个人修养的体现，有时甚至关系着个人及公司的形象，影响着双方的关系。下面我从以下几个方面来介绍一下握手礼仪。

一、握手的场合与含义

在商务场合中，双方初次见面或久别重逢时握手，表示相互致意，传递的是友好、真诚与热情；双方会见结束，告别时要握手，传递的是友谊；合作成功后握手，表示祝贺，传递的是喜悦；碰到困难时握手，传递的是相互鼓励和关心。

二、握手的先后次序

握手总的原则是位尊者先伸手。握手的先后次序，主要看场合。商务场合和政务场合，要遵循位尊者先伸手的原则。当上级和下级握手时，上级要先伸手；长辈与晚辈握手时，长辈要先伸出手。但有一个例外，主人和客人的场景，客人应该是尊者，但在这个场景中，应该主人先伸手握客人，主要是向客人表达欢迎。在告别时，客人要先伸出手，与主人告别。如果主人先伸手，就有逐客之嫌了。

社交场合：我们遵循女士为尊的原则，通常女士要先伸出手，男士再与之相握。

非正式场合：比如休闲场合、生活场合，则没有明显的界定，握手表达友好与尊重，谁先伸手都可以。

三、握手的姿势

握手的姿势很重要，在商务活动中，一次大方友好的握手，能为我们建立起一个非常好的第一印象，相反如果握手姿势不对，则会给对方留下不好的印象。接下来，我将从以下四个方面介绍握手的姿势（图4-2）。

图 4-2 握手

1. 虎口相对

握手时要伸出右手，四指并拢，虎口对虎口与对方相握，握满整只手。很多人在握手时不是很重视，轻轻一握，这样会给对方留下随意和不重视的感觉。

2. 看着对方的眼睛

握手时目光一定要稳定地看着对方的眼睛，面带微笑，表达友好。这是握手的关键，目光如果看向别处，会让对方觉得你不尊重他。外交官傅莹曾经在她的《大使衣橱》一书中谈道：一次她和她的先生参加伊丽莎白二世女王在白金汉宫举行的外交招待会，在谈到女王与每一位外交使节握手时，这样写道:"让人印象尤为深刻的是女王表现出的真诚。尽管她戴着手套,握手时却传递出一种笃定的力量。她会看着每位使节的眼睛,听对方讲完话才做回应,谈完再将目光转向下一位使节。人与人交流握手时,目光相接方能传递诚意。"

3. 身体前倾

与别人握手时,要有意识地身体微微前倾,一个小小的前倾动作,就能够让人更有亲和力。相反,如果直直地站立,会让人觉得居高临下、傲慢、不友好。

4. 握手时间和力度

握手的时间要看具体情况。通常情况下,时间为3秒到5秒,上下抖动2~3下即可。不宜握太长时间,但也有一些特殊情况,比如认识多年的老朋友相见,可以适当延长握手时间。或者长辈和晚辈握手,握手时间也可以长些。握手的力度要适当,如果太用力,会给对方强势、不友好的感觉。如果软绵绵地握手,会显得没有力度,不重视对方,力量适度才能传递友好与热情。在这里还要特别强调一下男士和女士握手的注意事项。很多男士在握女士手时,轻轻一握,没有握到虎口的位置,只是轻轻碰了下女士的手指尖,这种握手方式叫"死鱼手",特别不倡导这种握手的方式。事实上,特别是在正式的商务场合、政务场合,男士和女士握手,依然是要握到虎口的位置,采用国际通用的握手方式。

四、握手注意事项

1. 握手前摘手套、脱帽、摘墨镜,但女士参加宴会时例外

在宴会场合,女士佩戴长款手套,手套是饰品,握手时手套可以不摘。比如英国伊丽莎白二世女王,会在宴会场合佩戴长款手套与客人握手。

2. 不交叉握手、不用左手握手

3. 不要坐着与对方握手

握手时一定要站起来,以示尊重。

4. 汗手、湿手、脏手不要与别人握手

5. 多人握手的场合

同时与多人见面,握手的顺序是先上级后下级,先长辈后晚辈,先女士后男士。

案例:历史性的握手

1954年第一次日内瓦会议时,周恩来总理是我国出席会议的首席代表。当时美国采取了敌视中国、阻止会议达成协议的立场。美国代表团团长杜勒斯亲自下令禁止美国代表团人员同中国代表团的人员握手。周恩来团长则教育中国代表团:我们不应该拒绝同美国接触,不应该放弃任何可以做工作的机会,为的是促使美国改变其立场。历史出现戏剧性的转折是在1972年2月21日至28日,美国

> 总统尼克松对华作了"破冰之旅",标志这一转折的第一个动作就是中美两国领导人的历史性的握手。尼克松和周总理在首都机场同时伸出有力和坚定的右手,热烈地紧握在一起,并亲切互致问候。周总理说:"您的手伸过世界上最辽阔的海洋来与我握手。"尼克松说:"一个时代过去了,另一个新的时代开始了。"[①]

第二十八课
问候寒暄礼仪,商务交谈的序曲

一句暖心的问候寒暄,能拉近彼此之间的距离,让双方减少陌生感,起到调节和缓解气氛的作用,是人与人交往的黏合剂。在商务交往中,问候更加重要,它是交谈的序曲与铺垫。

一、问候的关键

对于商务人士而言,问候通常是在双方见面之初,用来获取对方的注意力,向对方表达友好和敬意,起到破冰暖场的作用。因此,问候要做好,需要把握两个关键:要主动、要有

---

① 吴德广. 礼宾轶事 [M]. 北京:五洲传播出版社,2017:215.

温度。

1. 问候要主动

主动意味着积极，以一个积极的态度开启一场交谈，能够把握更多的主动权。同时，养成主动问候的习惯，也能为自己赢来更多的机会。

> **案例故事：一次主动的问候，赢来了一次合作机会**
>
> 我是一位礼仪老师，因为工作的原因，需要经常出差到不同的城市，讲授礼仪课程。有一次授课经历，给我留下了很深的印象。那次课程，因为学员人数较多，企业把授课地点安排在了酒店的会场。那天我去得很早，提前做好授课相关准备。同时在现场的还有企业方的负责人和几位酒店工作人员，我一一向现场的每位工作人员问候并报以微笑，然后继续做我的准备工作。这时，一位我之前打招呼问候过的工作人员向我走过来，她自我介绍说："尹老师您好，我是这家酒店的副经理，我知道您今天的授课主题是商务礼仪，我们酒店也需要这方面的礼仪培训，我可否加一下您的微信，后期我们需要课程时可以和您联系。"我说："好的。"后来，我和这家酒店也有了课程合作，而合作的缘起，就是我的主动问候打招呼，无意间为自己赢来了一次合作机会。

2. 问候要有温度

因为温度能够表达出对对方的友好态度，起到暖场的作用。温度体现在一个微笑的表情、带有温度的声音、问候语言的友善上等。

二、问候的类型

据说我们的祖先每天只吃两顿饭，即使这样，穷人也是吃了上顿没下顿，所以老百姓见面时的问候语经常是"吃了没？"。随着时代的发展与变迁，问候的类型也越来越多，大致分为如下几种。

1. 简洁式问候

如"您好""你们好""大家好""上午好"等，适用于礼貌性的问候。

2. 节日式问候

如"过年好""中秋节日快乐"等，适用于节日时的问候。

3. 寒暄式问候

如"最近忙什么呢"，更适合熟人之间的问候。

4. 话题式问候

寻找一个话题，可以提前看一下对方的朋友圈，了解对方近期的概况，这样就很容易找到用于寒暄的话题。比如，"我看到您近期受邀参加了某论坛活动，并发表了讲话，印象很深刻。"

需要注意的是,问候不要谈过于私密的话题,把控好时间,不要让问候占据交谈的太多时间,问候寒暄差不多后,就可以切入交谈主题。

第二节 商务接待礼仪，有礼有节很重要

第二十九课
商务接待，先从准备工作开始

> **案例故事：一场让宾主皆累的接待**
>
> A公司总部位于北京，是一家专注于为客户提供云计算、人工智能应用服务的高新企业，在业内有很高的声誉。这一天，A公司正在准备一项重要的接待工作，客户是一家银行的两位领导，来到A公司进行实地考察。为了表达对客户的高度重视，A公司派出了六位领导来负责全程接待。如此大的阵仗，给银行的两位领导带来了很大的压力，事后跟A公司的领导反馈说："你们还有日常的工作要做，以后不用派这么多人来接待我们。"
>
> 在A公司看来完全是好心，却给客人带来了困扰。所以，在接待工作时，我们要注意接待人员数量的安排。为了表达对客人的重视，接待人员数量可以多于客户方的人

> 数，但不要和对方有太大的差距，比如对方如果来了三位领导，那么我们可以安排三位或者四位领导出席接待，是比较合适的。

商务接待工作是企业对外展示的第一道窗口，代表企业形象。随着中国企业的对外交往和国际合作越来越频繁，参观、洽谈、国际合作、谈判等相关活动也越来越多，都需要用到商务接待。合乎礼节的接待工作，能提升企业的竞争力，为企业赢得更多的合作与发展机会。同时，接待工作是由一系列细小的工作组成的，"凡事预则立，不预则废"，所以，要想做好接待工作，前期的准备工作特别重要。

一、提前做好沟通工作

为了做好接待工作，接待方一定要提前和来访企业方对接人做好沟通工作，确认相关细节，比如来访者人数、来访者身份级别、宗教信仰、饮食禁忌、到达时间、停留天数等。如果来访人数较多，要提前拿到来访者的人员名单。同时，要将接待方的活动安排流程提前告知来访的企业，以便对方提前做好相应的安排与准备。

二、确定活动日程安排

针对活动的目的，提前规划好与之相应的活动日程安排，包括迎接仪式、商务会谈、商务宴请、来宾住宿安排，接送客人的车辆安排，准备特色小礼品等。

三、确定接待规格

需要提前确定好接待规格，通常根据此次活动目的和性质，来宾身份、地位、人数来确定接待规格。接待规格过高会给客人带来心理上的压力，而如果礼数不周又会让客人感到没有得到应有的尊重。接待规格分为如下三种。

1. 高规格接待

指接待方的领导职位要比来访客人的职位高。通常情况下，接待公司较重要的客人，或者上级领导派工作人员来传达意见、兄弟单位领导派工作人员商谈重要事宜等，通常需要高规格接待。

2. 对等规格接待

是目前企业常用的一种接待规格，指与主要陪同人员的职位和来访客人的职位同等的接待。

3. 低规格接待

指主要陪同人员比来访客人的职位低的接待。比如上级领导到基层视察，接待单位从级别上比来访单位低，属于低规格接待。

第三十课
迎来送往，待客有道

> **案例故事**
>
> 日本著名经济界人士冈崎嘉平太先生回忆他一生中与周恩来总理数次见面和送别时的情景时说："周总理实在是人品出众，一点架子也没有。每当我们去拜会他，周总理必先自己走到会客厅的门口，表示欢迎。我们要回去时，他也先走到门边，向大家道别。他是一位彬彬有礼的人。"[①]

迎来送往，是我们在日常工作中经常要使用到的基本礼节。其核心是，要让客人感受到我们对他的尊重、友好、热情。在迎来送往的过程中，我们要做到发之于心、动之于情、表之于形。

一、迎接礼仪

热情友好的迎接，能够给客人宾至如归的感受。因此，在迎接时，需要注意以下这几个细节。

---

① 田曾佩，王泰平. 老外交官回忆周恩来[M]. 北京：世界知识出版社，1998：302.

1. 在迎接地点的选择上，要看具体情况

原则是迎接的地点越靠前，越能体现对客人的重视程度。如果是外地来访的重要客人，建议提前安排好车辆到机场或车站迎接。本地的重要客人，需要接待方在办公地点的楼下迎接。

2. 迎接时间

比约定的时间早到 5 分钟到 7 分钟，在楼下等候。待客人车辆抵达后，握手、寒暄，由工作人员引领进入会议室，切记不要出现客人已经到了在楼下等我们的情况。

3. 迎接语言

除了基本的寒暄，在迎接时准确地称呼对方很重要，特别对于第一次来的客人。所以我们需要提前做一些功课，包括了解对方的姓名、职务等相关信息。

二、送别礼仪

送别客人是接待工作的最后一个环节，其重要性不亚于迎接，甚至比迎接更加重要，我们中国历来有"迎三送七"[①]的文化。但很多企业在送别方面却容易忽视，接待工作容易出现虎头蛇尾的情况，迎接非常隆重，安排多位领导出席，但送别却草草收场，结果给客人留下了不好的印象。接下来我从以下几方面来介绍送别礼仪。

---

① "迎三送七"是一种传统的礼节性行为，指客人来的时候上前三步去迎接，客人走的时候送出去七步，体现了对客人的尊重和礼貌。——编者注

1. 与迎接的规格一致

企业接待方在迎接时有哪几位领导出席，在送别时还应由这几位领导出席。不可在送别时仅派一位工作人员出席送别，这样会给客人留下不被重视的印象。

2. 送别的位置

如果是外地客人，要提前安排好车辆，协助购票，送客人至机场或车站。如果客人自己有车，那么要将客人送上车，挥手致意目送客人离开，直到客人在视野中消失后，才算完成送别工作。

3. 礼品的准备

对于国外来的客人，可以准备一些有中国文化特色的小礼品。对于外地来的客人，可以准备一些有当地特色的礼品；对于路途较远的客人，可以准备一些方便携带的食品，供客人路上食用。

> 2023年，我在成都为一家企业讲授商务礼仪课程，关于迎接和送别，企业的一位负责接待人员问了这样一个问题："尹老师，我们有时在接待重要客户时，主管领导因为工作忙，不能全程参与，只在迎接的环节参加，您看这样做合适吗？"这个问题非常好，也是很多企业关心的问题。如果主管领导很忙不能全程陪同，那么最好在迎接和送别时都能够参与一下，这样做的目的是表达对客人的重视。

第三十一课
斟茶送水学问多

我国自古就有"客来敬茶"的习俗。斟茶送水，是我们在商务接待中经常使用的礼节，让客人在品味香醇的茶水时，感受到我们对他的重视。

通常在客人落座后，工作人员要在五分钟内把茶水端上来，矿泉水、咖啡也可以，不宜让客人等太久。

一、清洁茶具与洗茶

在为客人泡茶前，茶具要先用开水烫一下，做好清洁工作后，再为客人泡茶。正式的商务场合，建议使用标准的会议用杯，包括杯盖、瓷杯、杯碟儿、杯垫四件套。如果使用一次性纸杯，那么需要在杯子上套上杯托，防止客人烫手。第一遍泡的茶要倒掉，不宜给客人喝，因为里面有杂质，第二遍泡的茶再给客人喝。

二、沏茶

沏茶时，如果是绿茶，那么水温不宜过高；如果是红茶、黑茶等，可以用沸水冲泡。茶水不宜倒太满，七分满为宜。如果茶水倒太满，容易溢出烫伤客人，或者洒到桌面上就不好了。

三、奉茶礼仪

奉茶的顺序是先客人，后主人；先长辈，后晚辈；先职位高者，后职位低者；先女士，后男士。双手奉茶时，切勿将手指搭在杯口。应将茶杯放在客人的右侧，杯把的方向朝向客人，方便客人拿取。如果客人较多，茶水准备好后，可以使用托盘来托茶。

正确的倒茶方法如下。

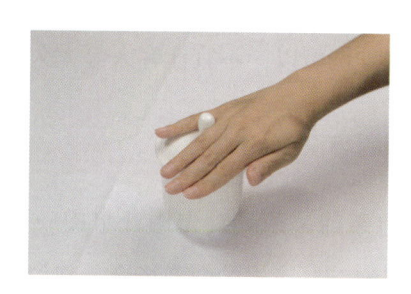

步骤1　用无名指和小手指夹住杯盖

步骤2　掀开杯盖

| 第四章 | 商务交往礼仪

步骤3　用手拿起杯子准备倒水

步骤4　开始倒水

步骤5　将杯子放回原处

步骤6　轻轻盖上杯盖

错误的倒茶方法：

错误1　杯盖完全扣在桌面上

错误2　杯盖与水杯之间留出一道缝隙

第三十二课
引领礼仪、电梯礼仪与楼梯礼仪

引领礼仪、电梯礼仪和楼梯礼仪，都是属于小角落里的礼仪。但小中见大，在这些细微处、方寸之间，更能体现我们的个人修养。

2020年，我受国内一家知名互联网公司的邀请，去做一场商务接待礼仪的培训。因为企业要经常接待来自企事业单位的领导过来参观学习，所以非常重视这次培训。我的整个授课是以场景模拟的形式展开的，当我们模拟客人下车后，工作人员上前引领客人这个环节时，企业的一位负责人提出了一个这样的问题："尹老师，引领这个环节，我们领导上前陪同客人，和工作人员引领客人，两者的站位是否有区别？"这个问题非常好，如果是工作人员引领客人，遵循公共场合以右为尊的原则，工作人员应站在客人左前方引领，把右侧留给客人；如果是企业领导陪同客人行进，那么要站在客人左边，与客人并排行走，方便行进过程中与客人进行交流。

一、引领礼仪

企业有客人来访，如果客人级别很高，那么由领导亲自下楼迎接，在行进过程中，领导应站在客人左侧，遵循公共场合以右侧为尊的原则，把右侧留给客人；一般性的客人，可以安排工作人员前去接待引领客人，工作人员要站在客人的左前方，可以配合一定的话语，比如"请您小心台阶""请您小心脚下"等；在走廊引领时，要把靠墙、靠里的位置让给客人。

二、电梯礼仪

电梯是我们在日常工作中使用越来越多的工具，因此掌握电梯礼仪十分必要。

- 如果是我们和客人或领导一起乘坐电梯，先看电梯内是否有操作人员，如果没有操作人员，我们要先进电梯，用一只手按住电梯开关，邀请客人或领导进入；如果电梯内有操作人员，那么我们邀请客人或领导先进，出电梯时，让客人或领导先出。
- 日常在等候电梯时，要站在电梯门的两侧，不要站在电梯门的中间，把中间的位置让出来，留给出电梯的人。
- 如果乘坐电梯的人较多，我们先进入电梯时，应主动靠边站立，方便后面的人进入电梯。
- 电梯空间狭小，所以不要在里面大声喧哗。
- 如果是乘坐手扶电梯，应靠右侧站立，把左侧留出来，给有急事的人先行。

> 小张在大厦的 5 层办公，大厦一共有 16 层，其他楼层是别家公司。一次小张正好在电梯里遇见了自己的领导，正要开口跟领导汇报工作，只见领导示意了他一下，意思是让他不要讲话。下了电梯后，领导对他说："电梯是公共场所，而且里面还有其他公司的员工，我们在里面谈论工作不礼貌也不安全。"电梯虽小，但小角落里的礼仪依然不能忽视。

三、楼梯礼仪

在商务接待中，上下楼梯时我们要礼让客人，让客人走在楼梯里侧，我们则走在楼梯的外侧。如果楼梯较窄，我们无法与客人并排行进，那么在上楼时，应让客人走在前面，我们在后面做好安全防护工作；下楼时，则我们走在前面引领客人。

第三十三课
乘车礼仪，让客人坐在合适的位置上

案例故事

刚刚毕业的李军，因为沟通能力突出，成功应聘北京一家公司担任总经理助理一职。这天，李军要和总经理一起去天津拜访一位重要的客户。因为天津离北京很近，总经理就选择开车过去，李军的驾照还没下来，就由总经理开车。李军是第一次跟总经理去拜访重要客户，他一看是总经理开车，一时不知道自己该坐哪里合适，索性就坐在了副驾驶后方的位置上。总经理一看，马上跟李军说："小李，你坐的位置不对，应该坐在副驾，你现在坐在副驾驶后面，相当于我在给你当司机。"李军不好意思地说："好的，经理。"

在日常商务交往中，车是我们经常使用的交通工具，因此掌握乘车礼仪十分重要。

一、不同车型座次礼仪

1. 小轿车

小轿车的座次安排原则是右尊左卑。当有专职司机开车时，后排右座为贵宾席，副驾驶的位置为工作人员的座位。当车主开车时，副驾驶的位置为贵宾席（图4-3、图4-4）。

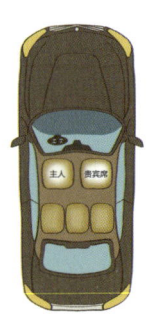

图4-3　小轿车座次安排①　　图4-4　小轿车座次安排②

2. 越野车

越野车的座次安排原则与小轿车不同，越野车的前排视野好，而且底座高，坐在后排舒适度较差，容易颠簸。因此，无论主人驾驶还是专职司机驾驶，越野车的贵宾席均为前排副驾驶的位置（图4-5）。

3. 三排七人座商务车

三排座的商务车，其贵宾席为司机正后方的位置。陪同者

图 4-5　越野车座次安排

可以坐在中间一排右侧门口的位置，也可以坐在副驾驶的位置（图 4-6）。

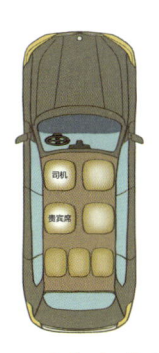

图 4-6　商务车座次安排

4. 大巴车

大巴车的座次礼仪是前排为尊，如果有领导或客人，那么工作人员要引导他们坐在前排，其中贵宾席的座位是司机正后方第一排的位置，如图 4-7 所示。

图 4-7　大巴车座次安排

二、上下车顺序礼仪

上下车的顺序，基本原则是客人、领导先上车，后下车。上车时，陪同人员引领客人先上车，自己最后上车；下车时，陪同人员则先下车，照顾客人，为客人打开车门，客人后下车。

第三十四课
客人膳宿礼仪

案例故事

1972年2月，美国总统尼克松下榻钓鱼台国宾馆。

> 尼克松是一位酷爱音乐的政治家，弹得一手好钢琴。礼宾司在国宾馆总统套间里放置了一台中国制造的高级钢琴，当尼克松步入总统套间时，发现了这台崭新的钢琴，没等休息就兴致勃勃地弹了起来，并连声称赞："好琴！好琴！"[①]

企业在商务接待中，有时需要为客人安排食宿，特别是外地来访的客人，需要提前预订好酒店。客人的食宿安排是一项涉及很多细节的工作，本节主要介绍客人的膳宿礼仪。

一、酒店选择：舒适、方便、安静

酒店的舒适、方便、安静，是大部分客人特别在意的。对于出差在外的客人，能休息好，睡个好觉，是无比幸福的。所以我们在安排酒店时，要提前告知酒店安排一间安静的房间，不要是靠近电梯的房间，因为在电梯边的房间通常较吵。同时，酒店房间内的各项设施尽可能齐全，能满足客人的日常所需。方便很重要，酒店的地理位置应离机场或车站近，方便客人接下来的行程。同时，还要注意酒店的房间号，比如174号房间（谐音"一起死"）等房间，不建议预定。

---

① 吴德广. 礼宾轶事 [M]. 北京：五洲传播出版社，2017：86.

二、酒店房间内布置

对酒店房间进行适当的布置，会给客人带来意外的惊喜。事实上，只需要花一点点小心思，比如以接待方最高负责人的名义写一张欢迎函，在室内摆放一些绿植或鲜花，桌上提前准备酸奶和水果、点心等食品，因为客人很可能是刚下飞机，还没来得及吃饭。这些小小的心意，会让客人感觉既暖心又惊喜，会为整体的接待工作增色不少。

三、提前了解酒店的规章制度并告知客人

预订酒店时，一定要提前了解酒店的规章制度，并把相关制度提前告知客人。比如早餐时间、退房时间、酒店的相关服务等。

> 记得有一次我出差到外地讲课，到达后，接待方的工作人员特意嘱咐我说："尹老师，酒店早餐用餐时，需要出示房卡及包在房卡外面的这张卡片。"第二天早上我去酒店餐厅用早餐，拿起房卡准备出门，因为大部分的酒店用餐只需出示房卡即可，我已经习惯了。当我已走出房门，猛地想起来，昨天工作人员对我的嘱咐，便马上转身回房间去拿卡片。当我来到餐厅门口，正巧发现一位客人被酒店工作人员拦下，因为他没有卡片，不能进入餐厅，这时

> 我在心里暗暗感谢昨天接待我的工作人员。所以，作为接待方的工作人员，要提前了解酒店的相关制度，并及时将其传达给客人，这一点非常重要。

四、照顾好客人的饮食

"民以食为天"，虽然接待方通常都会安排正式的商务宴请，但客人的日常饮食也要照顾周到。比如有的酒店是不提供早餐的，那么需要提前把早餐订好。有的客人吃不惯酒店的饭菜，那么可以提前了解一下客人的口味，为其预定符合其口味的餐食。总之一句话，接待人员一定要细心、耐心、周到。

第三十五课
商务馈赠，精挑细选礼数周

> **案例故事：国际赠礼要有包装**
>
> 2019年我去美国学习，老师是国际形象美学界权威、79岁高龄的 Carla Mathis 老师。当时我送给老师的礼物是从中国带过去的茶叶，因为考虑要能体现中国文化，所以选择了茶叶。老师回赠的是一份在美国有悠久历史的巧克

> 力，包装非常精美。当时我就被这份包装精美的礼物震撼到了，给我留下了深刻的印象。

我国是一个崇尚礼节的国家，早在春秋时期，送礼的风尚就已形成。《礼记》曰："来而不往非礼也。"以物表情，礼载于物，用馈赠礼物的方式来增进感情，为商务交往锦上添花。

一、礼品的选择

1. 国际赠礼，要能体现中国文化

中国企业的国际涉外交往越来越频繁，在国际商务场合中，赠送的礼物要能体现中国文化，正所谓"越是民族的，就越是国际的"。具有中国特色的礼物，更能够得到国际友人的青睐。比如丝绸、玉器、瓷器、木雕、刺绣、纺织品等常作为我国国礼送给其他国家。

如下图，景泰蓝（图4-8、图4-9）、金丝彩砂画茶盘（图4-10）、京绣手包（图4-11）、汝窑茶具（图4-12）等礼品，带有中国文化特色，特别适合赠送给国际友人。

案例故事

2009年时任美国总统奥巴马访华，收到的国礼是一幅刺绣作品《奥巴马总统合家欢》，其工艺出自著名的国家非物质文化遗产"沈秀"，胡锦涛主席用十多分钟的时

图 4-8　景泰蓝①　图 4-9　景泰蓝②　图 4-10　金丝彩砂画茶盘

图 4-11　京绣手包　　　图 4-12　汝窑茶具

> 间如数家珍地向奥巴马总统介绍作品的创作过程和艺术特色。奥巴马一家的绣像栩栩如生，工艺巧夺天工，这种特制的具有传统文化内涵的礼品很受欢迎。奥巴马总统对此惊叹不已，非常感动。①

2. 要考虑对方的喜好

赠送礼物时，要考虑到对方的喜好。比如送给女性朋友，选择丝巾、配饰、化妆品、咖啡具等较适合。送给男性朋友，可以考虑电子产品、字画、茶具等礼物。

---

① 吴德广. 礼宾官背后的外交风云 [M]. 四川：四川人民出版社，2016：48.

商务礼仪：商务人士的66堂礼仪课

> **案例故事**
>
> 1982年英国首相撒切尔夫人访华时，赠送给邓小平同志一个银烟盒。撒切尔夫人知道邓小平有吸烟的习惯，根据个人习惯和爱好选择了礼物。同时银烟盒也反映了英国人送礼的传统。撒切尔夫人生活上习惯用银器，她举行宴会也好，会客室的摆设也好，都离不开银器。当时她赠送给邓小平的银烟盒非常美观，雕刻非常精致，四周嵌有米字纹，中间微微隆起，无雕饰，造型简洁，而且烟盒特别长，比一般的烟盒要长。后来我们得知，这个银烟盒是特制的，邓小平很爱抽烟，他的烟过滤嘴特别长，比通常的香烟长一些，所以银烟盒特制加长了一些。事实上，邓小平没有使用过这个烟盒，同其他党和国家领导人一样，国礼都上交了。[1]

3. 要考虑其象征意义

我们在赠送礼物时，要能够考虑彼此双方的关系，选择能够代表双方关系的、具有一定象征意义的礼物。在赠送礼物时，要能把礼物背后的内涵、寓意等表达出来。

二、礼品的包装

礼物要有包装，包装也是礼物的一部分。一份包装精美的礼物，更能体现赠礼人的用心。特别是我们送给外国友人的

---

[1] 吴德广. 礼宾官背后的外交风云[M]. 四川：四川人民出版社，2016：50.

礼物，要有包装。外国人不是很看重礼物是否贵重，却很看重礼物的包装、内涵和文化价值。

三、赠礼的时机

赠礼是要考虑时机的，不同的场合，赠送礼物的时机是不同的。如果是正式的会谈，通常是在结束时赠送礼物。如果是祝贺欢庆，一般是提前赠送或者在开始时赠送。如果是签字仪式，通常是在仪式结束时互赠礼物。如果是参加正式宴会，一般在宴会临近结束时赠送。

四、赠礼的方式

为了体现正式度，可以选择当面赠礼，也可以选择邮寄或者请人代转等方式，但其正式度都不如当面赠送。赠礼的姿势避免用单手奉送，我们中国人的习惯是双手奉送，同时会说"一点心意，请您笑纳"等客套话。

五、礼品的接受

接受对方的礼物，通常需要起身，双手接过礼物，应当面表示感谢。在受礼的方式上，东方和西方是有差异的。东方人收到礼物后，会适当地推辞和谦让，通常不当面拆开礼物，等客人离开后再拆开礼物。西方人的习惯是当面拆开礼物，表达感谢和对礼物的喜欢。

第三节　商务仪式与商务活动礼仪

第三十六课
会议礼仪：凡谋之道，周密为宝

2022年，我受成都一家建筑企业的邀请，讲授为期一天的会议礼仪课程，并且在课程结束后协助企业制定了近万字的会议手册。企业如此重视会议礼仪，是因为要经常举办对内与对外的各种会议，会议前期需要做哪些准备工作、不同类型会议座次如何安排等问题都是企业非常关心的。近年来，我接到的这类培训越来越多，企业对于会议礼仪的要求也越来越高。作为商务人士，有时需要代表企业来组织一场会议，有时需要参加一场会议，都涉及会议礼仪。本节我将从会议前期的准备、不同类型会议座次安排、参加会议礼仪三个方面来系统介绍会议礼仪。

一、会议前的准备工作

1. 会议议题与参会人员范围应提前确定
2. 会议场所的选定

会议室的布局合理,灯光、音响、空调、投影仪等设备齐全并可使用。

3. 会议通知的起草

(1)会议通知包括会议的具体时间、会议地点、会议议程、议题汇报人、主持人、参会人员等事项。

(2)注明会议的注意事项,包括着装要求、内容保密要求、会议文件的要求、请假的要求、会议纪律等。

4. 成立会务组并起草会务组工作安排表

按会务流程分析会务工作,要求尽量详细并将任务落实到人。

5. 会务宣传品的制作

根据会议名称制作相应的签到背景板、欢迎条幅、会议条幅、温馨提示卡等。

二、会议的座次

会议的座次,是依照一定的原则和惯例来进行的。总体来说,商务场合、国际场合的会议遵循以右为尊的原则,政务场合的会议遵循以左为尊的原则。遵守原则,有助于会议更加高效地运行,同时也能表达对各方的尊重。如果会议座次排序不当，那么会引发不满和争执。不同类型的会议，座位的排序有差别。接下来，将介绍几种常见会议的排序原则。

1. 面门为尊的原则

此原则适合在日常会议场合。通常情况下，我们要把客人、领导安排在面向门的位置。因为面向门的位置视野更开阔，让人更有安全感，如图 4-13 所示。

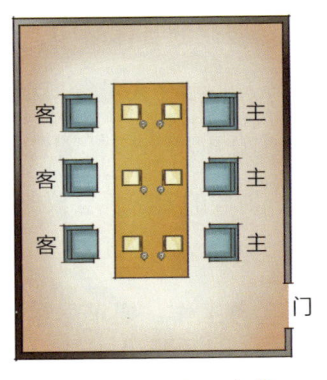

图 4-13　面门为尊

2. 观景为上的原则

会议室内如果有观景窗，透过窗户，可以看到窗外美丽的风景，那么这时应遵循观景为上的原则，安排客人坐在面对风景的这一侧，可以给客人更好的感官体验（图 4-14）。

3. 官方内部会议遵循以左为尊的原则

以左为尊，指的是当事人的朝向，1 号领导的左侧尊于右侧，目前在我国政务场合遵循这一原则，比如全国人大、国企和央企内部会议等都遵循这一原则。具体见图 4-15，1 号领导人居中，2

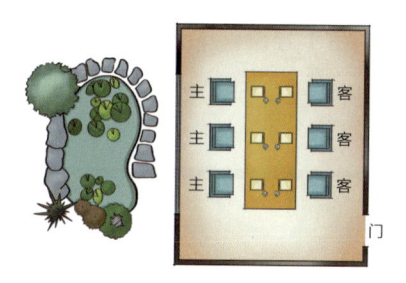

图 4-14　观景为上

号领导人坐在 1 号领导人左侧，3 号领导人坐在 1 号领导人右侧：

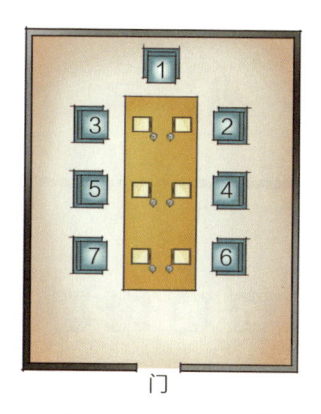

图 4-15　以左为尊

4. 官方会议主席台排序原则

此原则同样适用于目前我国国企、央企的内部会议，面向观众、居中为尊、左侧为上、交叉排列，具体如下。

（1）当主席台上人数为单数时，面向观众、1 号人物居中、2 号人物坐在 1 号人物的左侧，依次交叉排列，具体如图 4-16 所示。

（2）当主席台上人数为双数时，面向观众、以当事人的视角，中线的右侧是 1 号位，中线的左侧是 2 号位，依次交叉排列，如图 4-17 所示。

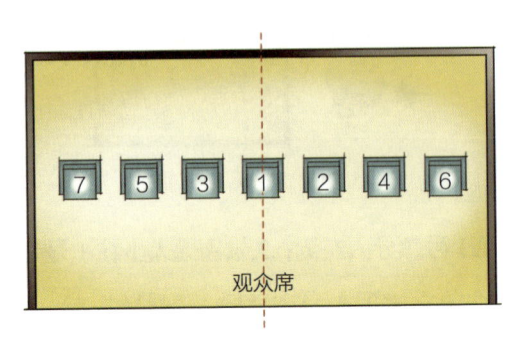

图 4-16　官方会议主席台排序①

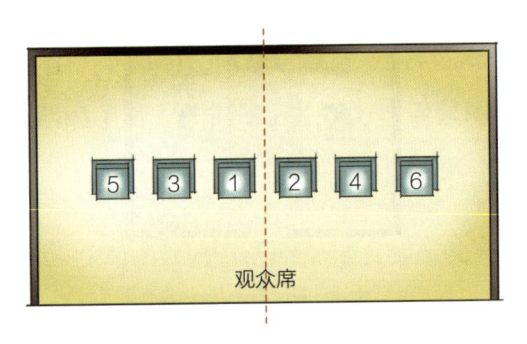

图 4-17　官方会议主席台排序②

（3）当参会人员来自两个平等单位，是主客双方时，双方领导各居一侧，遵循左侧为尊原则，因此安排客方坐在左侧，具体如图 4-18 所示。

5. 国际场合的会议遵循以右为尊原则，即右高左低

和上面中国惯例左高右低正好相反，因此会议座次排法

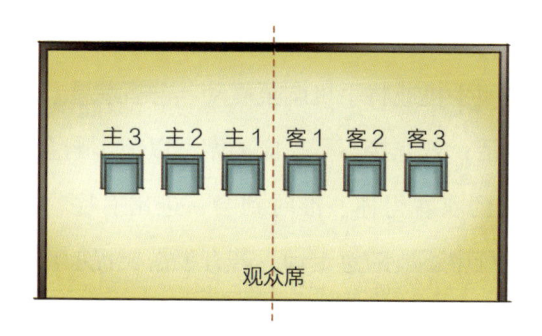

图 4-18 官方会议主席台排序③

不同，图 4-19 所示为常见国际会议座次排法。1 号领导人居中，2 号领导人坐在 1 号领导人右侧，3 号领导人坐在 1 号领导人左侧。

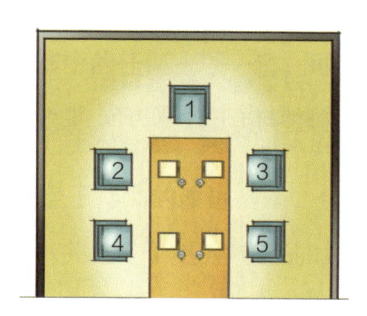

图 4-19 国际场合会议座次排法

三、参加会议礼仪

参加会议前，要做好相应的准备，提前了解会议的议题、议程及参会者的情况，按要求准备有关材料或做好发言准备。听取别人发言时，应认真倾听，必要时要做好记录，不要私下小声说话。发言人讲话告一段落或结束时，应鼓掌致意。参会期间，应关闭手机或将手机调至震动、静音状态，一般情况下不要接听电话；若非接不可，应离席，以免影响会场秩序。参会人员要做到衣着得体、准时到会、进出有序，遵守会议纪律。会议进行中不要随意走动，若有事需要提前离开会场，应轻手轻脚，不要影响他人。

第三十七课
会见与会谈礼仪：礼以行之，信以成之

会见与会谈，主要指主客双方安排的、用来加强沟通与交流，增进双方友谊、促进相互间合作的活动。会见，主要指礼节性、事务性或者政治性的会见，具有一定的象征意义，会见时间一般不会太长，话题较广泛；会谈指双方或者多方就具体业务进行谈判，或者就某些重大的经济、文化、共同关心的问题进行交换意见，会谈交流的内容更加深入和正式。

一、会见与会谈座位安排

1. 会见座位安排

遵循国际礼仪以右为尊的原则，为了表达对客人的尊重，

安排客人坐在主人的右边,即主左客右,如图 4-20 所示。

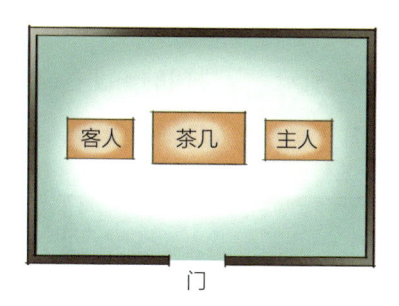

图 4-20 会见座次安排①

如果主客双方出席人员数量较多,依然遵循主左客右的原则,主方陪同人员坐在主人这一侧,客方陪同人员坐在客人这一侧,如图 4-21 所示。

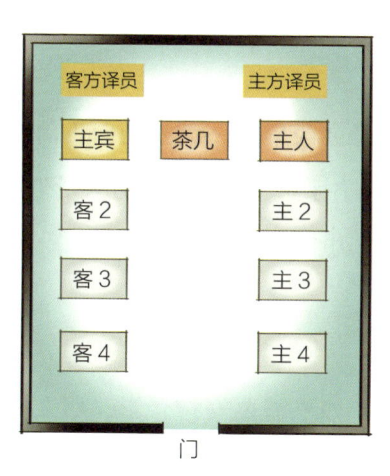

图 4-21 会见座位安排②

2. 会谈座位安排

会谈的位次原则是宾主相对而坐,即宾主面对面而坐,更加方便双方的沟通与交流。会议室的布局不同,座位安排也略有不同,主要分有两种。

第一种如图 4-22 所示,从进门的角度看,会谈桌横向排列,那么主方人员背门而坐,客方人员则面门而坐,即"以里为尊"。

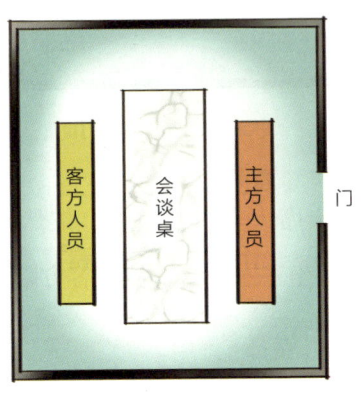

图 4-22 会谈座次安排①

第二种情况是会谈桌的一端是朝向正门的,这时以门为参照点,即进门的右手边为尊位,主方人员坐在门的左边,客方人员坐在门的右边,如图 4-23 所示。

二、合影礼仪

会见和会谈,如果需要安排合影,那么安排在宾主见面握手、双方合影后再就座,进入正式的会见或会谈环节。为了避免出现现场混乱的局面,建议主方工作人员提前准备好合影站位图。

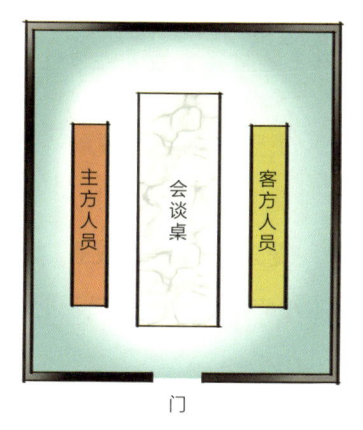

图 4-23　会谈座次安排②

合影原则是主人居中，主人的右手边为上，前排优于后排，中间优于两侧，主客交叉排列，两端由主方人员把边，如图 4-24 所示。

图 4-24　合影站位图①

还有一种情况，当主方和客方人员数量相等时，可以这样排列，客方所有人员站在右侧，主方所有人员站在左侧，级别高的领导站在中间，具体如图 4-25 所示。

客3 客2 客1 主1 主2 主3

相机位置

图 4-25　合影站位图②

三、会见和会谈场地选择

场地的选择，除了考虑相关设备是否齐全，还要考虑场地大小，并不是越大越好。主要看人数，人员数量少，选择小型会议室即可；人员数量较多，则可以安排大一些的会议室。

> 2021年，我作为一家企业的顾问参加一次重要会谈，出席人员一共6位，主办方却安排了一间150多平方米的超大会议室，整体显得异常空旷，导致参会人员注意力不容易集中，会谈效果并不理想。因此，要根据出席人员的数量选择大小合适的会议室。

四、会见和会谈的准备工作

凡事预则立，不预则废，成功举办一场会见或者会谈，前期需要做好大量细致的准备工作。

- 提前准备好桌签，如果是国际的会见或会谈，桌签则需要是双语的。

● 双方参加人员的名单，名单上要包含姓名、职务等重要信息。

● 准备相应的饮品，比如茶水、矿泉水、咖啡等。

● 会谈桌上为每一位参加人员提前准备好笔和纸张。

● 重要的会见或会谈，也可以提前准备鲜花，放置在会谈桌上。

第三十八课
商务拜访礼仪：懂得做客之道为人际升温

商务拜访是商务往来中常见的活动之一，我们需要拜访其他企业或个人，进行洽谈合作、沟通交流、增进感情等。商务拜访的目的是和对方建立起友好关系，为后续双方合作打下坚实的基础。因此，作为商务人士，掌握商务拜访礼仪，懂得做客之道十分重要。

一、拜访前的准备

1. 提前预约

拜访前一定要提前预约。因为现代工作节奏快，职场人每天的行程都很满。如果不提前预约，会为对方带来不便。建议提前一周左右与对方预约时间。预约的方式有很多种，如电话预约、微信预约、邮件预约等，其中正式度较高的是电话预约。

2. 拜访时间选择

不要选择对方繁忙的时间段，比如周一，大家都较忙，也不建议选择临近中午或下班时间。如果上午拜访，时间在9：30~11：00；下午拜访，14：00~16：00的时间较适合。

3. 提前做好准备工作

（1）资料准备：相关的文件、手册、合同等和拜访有关的资料，要提前准备好，放进公文包里。

（2）内容准备：明确拜访的目的及拜访要达到的结果，提前准备好要沟通的相关内容，做到心中有数。拜访时，做到内容翔实、逻辑清晰、有理有据。同时，关于对方可能会问到的问题、关心的内容，也要提前准备好。

（3）提前了解拜访对象：此次拜访的对象共有几位，他们的性别、年龄、职务、学历、爱好、性格特点等相关信息，尽可能多地了解，了解得越多，就越容易找到和对方的共同话题。

> **案例：提前了解拜访对象，轻松打开话题**
> 有一次我接到一个电话，来电者是我之前的一位学

员,求助我说:"尹老师,我要去拜访一位重要客户,拜访礼仪您之前讲过,我都知道,但我有些社恐,这是我第一次拜访这位客户,如何能够轻松打开话题不冷场?"这个问题也是很多人非常关心的。首先,对于初次拜访的客人,要提前了解他的着装风格,我们的着装风格不要和他的有太大的差距,比如如果对方习惯穿着polo衫和休闲西裤,而我们却穿一整套西服套装去见他,那么从服装上我们就一下子产生距离感了。那么我们应该如何穿着?可以和他接近或者比他略微正式一些。接下来,了解他的年龄、学历、爱好等背景信息,目的是找到和对方的共同点,用于打开话题。社会心理学的研究表明,人有一种倾向,会在潜意识里认为,熟悉的就是更好的。我们找到和对方的共同点,目的就是创造那种和对方似曾相识、熟悉的感觉。比如有一次,我受一家企业邀请,为其公司的五位员工做礼仪的专项辅导。辅导当天,我和大家见面问好寒暄,其中一位学员自我介绍说:"尹老师您好,非常有幸能上您的课程,我叫××,目前从事平台运营工作,毕业于清华大学MBA。"她的这个自我介绍,一下子拉近了我们之间的距离,因为我也是MBA毕业。关于找共同点,可以从共同的爱好、毕业的学校、共同的专业、共同的朋友、共同的家乡等几个方面作为切入点。

（4）形象准备：得体的形象，能够帮助我们快速在别人心目中建立起信任。如果是第一次和对方见面，更要注重形象。针对拜访的目的和对方的企业文化，做好形象定位，提前准备好服饰，以一个专业的形象出现在对方面前。

（5）再次确认：在进行正式的赴约之前，要再次确认，确保对方已经预留出时间。同时防止对方因为繁忙忘记了你的拜访，再次确认是更加保险的做法。

二、准时赴约

按照约定的时间，准时赴约。提前太早到达或者迟到，都是不礼貌的表现。比约定时间提前 5~10 分钟到达，比较合适。如果到达比较早，建议不要直接进去，可以先在附近转转。因为提前进去后，会打乱对方的工作节奏，对方此时很可能有其他的工作安排。如果因为堵车或其他突发情况不能准时到达，一定要提前告知并向对方表达歉意。

三、等候通报

到达后，先来到前台，向工作人员告知自己的姓名、单位及拜访对象的姓名等相关信息，递上一张自己的名片，然后在等候区或者会议室等候。要好好利用等待的这段时间。如果冬天穿着大衣或外套，这时可以先把大衣脱下来，整理下自己的形象，调整好心情，注意自己的体态，提前准备好相关资料等。以一个精神饱满的形象出现在对方面前，会为你的拜访增色不少。

四、正式会面

正式的会面开始了，如果是第一次见拜访对象，那么需要向对方做一下自我介绍，包括姓名、职务等信息，然后握手、递送名片、寒暄。需要注意的是，整个过程要举止有礼、落落大方、淡定从容。注意寒暄时间不宜过长，接下来要切入拜访的主题，把握好拜访的时长，通常一般性的商务拜访时长在 1 小时左右为宜。

五、礼貌告辞

当拜访接近尾声，或者看到对方略显疲惫、频频看表、频繁变换坐姿时，那么这个时候我们就要准备告辞了。告辞时，应率先主动起身与对方握手，同时说一些客套话，比如"就不打扰您了，您先忙，改天我们再见""今天谈得非常愉快，谢谢"等话语。并对对方抽出时间接见自己表达谢意，在友好愉快的氛围中结束拜访。对方通常会送我们，这时我们可以礼貌地说："请您留步。"

第三十九课
签约仪式：庄重感与严谨性相结合

签约仪式是商务交往中十分重要的一个环节，它代表着双方达成了合作，取得了阶段性成果。同时为了表达对合作伙伴的诚意和尊重，体现活动的庄重感，举行签约仪式时，我们需要遵循一系列严谨有序的礼仪。

"礼仪三百，威仪三千"[①]，一场成功的签约仪式，需要掌握以下几个方面的签约礼仪。

1. 选择签字厅

要求签字厅内相关设备要齐全，整体环境氛围要庄重、清净，适合举办签约仪式。

2. 签字桌与座椅

双边签约仪式，签字桌通常是长方形，铺上深色台布，桌上要为签约双方准备签字笔、笔架、吸墨纸，并且要提前做书写实验，保证正式签约时签字笔书写流畅，同时要为两位签约人准备两把座椅。如果是国际签约仪式，要提前准备好国旗摆在桌子正前方，国旗摆放原则是主左客右。如果是多边签约，通常只设一个座位，各方代表提前约定好上台顺序，依次

[①] 语出《中庸》，意思是"礼"的总纲有三百条之多，细目有三千多条。形容礼仪的项目很多，内容非常全面和细致。——编者注

轮流上来签字。

3. 合同文本的准备

从对文字内容进行校对、定稿，到印刷、装订，都需要细致和耐心。有一个细节需要特别注意，在本方签署的文本中，本方的称谓应在对方之前，签字人签署的位置也要在对方的前面；如果是在对方签署的文本中，则对方在前。

4. 签字人和出席人员确定

提前确定好签字人，原则是双方出席的签字人身份要相当，双方出席的陪同人员数量和级别要对等。

5. 主、客双方座次安排

遵循国际惯例，按照主左客右的原则，客方签字人坐在主方签字人的右侧，如图 4-26 所示。

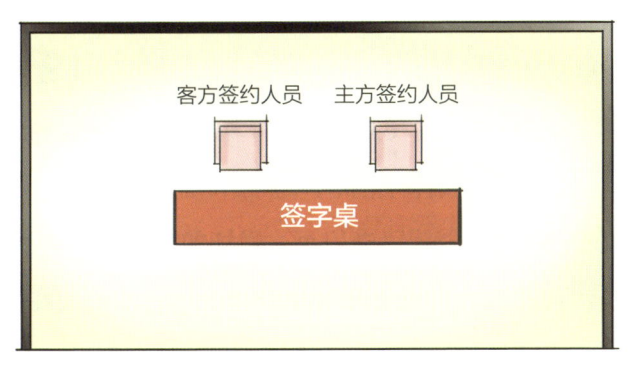

图 4-26　签约仪式座次安排

6. 安排两位助签人

正式的签约仪式，要安排两位助签人，来协助签约仪式的顺利完成。两位助签人分别站在签字人的外侧，主要负责翻动文本、指明签字位置、防止出现漏签、错签等情况。

> 20世纪90年代初，某国总统访华，两国签署一个经贸合作协议，由两国元首亲自签署。举行签字仪式时，我方由时任国家主席杨尚昆签字。由于我方签字助手的疏忽大意，将对方总统应签的地方指给杨主席签了，无巧不成书，当时对方助签人也将由杨主席该签的位置指给了对方总统，这样双方都签错了。现场谁也没看出什么破绽，当晚我方才发现错情。当时双方元首都准备就寝休息了，次日来访总统将离京回国，如何处理这一情况？双方礼宾官反复研究，为维护经贸合作协议的严肃性，请双方元首重新签。80岁高龄的杨主席只好专门等礼宾官重新印刷文本后送给他签。待双方元首重新签好文本后，已是深夜了。这一错情，说明签字仪式助手很重要，千万马虎不得。[1]

7. 交换文本

签约仪式有一个重要环节是交换文本，签约人在交换文本时，要使用右手递送文本，左手来接文本。切记不要用左手递送文本，这样是不礼貌的。

---

[1] 吴德广. 礼宾轶事[M]. 北京：五洲传播出版社，2017：116.

8. 签约仪式合影

合影的构图是主、客双方人员各占半边，主方站在左侧，客方站在右侧，双方人员一字排开，身份高者居中，如图4-27所示。

客3 客2 客1 主1 主2 主3

相机位置

图 4-27　签约仪式合影安排

9. 签字人与陪同人员服饰要求

签约仪式属于庄严、严肃的仪式活动，因此出席人员服装要正式，男士要穿深色西服套装，搭配黑色皮鞋。女士要穿套装，以表达对签约仪式的尊重。

第五章

商务沟通礼仪

第一节 掌握商务沟通礼仪的基础，摆脱沟通恐惧

第四十课
沟通基础：声音、语气、节奏感

在沟通中，如果一个人讲话音量小、音调平、说话没有节奏感，会大大影响整体沟通的效果，而我们如果能够学会声音管理，使用恰当的语气，把握说话的节奏，给人以如沐春风的感受，那无疑会在沟通中为自己赢得更多的信任与好感。

一、声音有温度、清晰且饱满

《礼记》中有关于声音的描写，有这样几句话："凡音之起，由人心也""其乐心感者，其声啴以缓；其敬心感者，其声直以廉"。意思是一个人说话的声音，能够体现他内心的状态。当一个人心中是快乐的，发出的声音便宽绰而徐缓；当一个人内心是恭敬的，发出的声音便正直而清明。著名的国际声音教练朱迪·艾普斯也曾说过类似的话："是内在世界创造了声音，而非声音创造了你的内在世界。"可见，声音管理的第

一步，是修心。所以，想让自己的声音有温度、有交流感，那么首先要做一个有温度、有情感的人。同时，清晰、饱满的声音是可以通过后天努力习得的，比如每天花 15 分钟时间多去听一些优美、标准的声音，让自己沉浸其中，再跟着模仿学习，长此以往地练习，我们说话自然就会声音清晰且标准。一部关于声音美学的电影《国王的演讲》给我留下了深刻的印象，它取材于真实的历史故事，讲述的是英国国王乔治六世患有严重的口吃，讲话结巴，但最终在语言治疗师的帮助下，经过艰苦训练，克服了口吃障碍。作为一国之君，他发表了振奋人心的演讲。可见，沟通能力是可以习得的。

二、语气

说话的语气是传达情感和态度的重要方式，有时甚至比说话内容本身还重要。如果掌握不好其中的尺度，会给交流造成障碍，很多潜在的合作，可能就是由于其中一方说话的语气不好而夭折的。在日常沟通中，选择合适的语气非常重要，结合不同的情境和沟通对象，语气要有相应的变化。比如和领导讲话，可以用谦逊和尊重的口吻；和客户伙伴讲话，可以用尊重和友好的口吻；和好朋友讲话，可以用亲切的口吻等。

三、说话的节奏感

可以理解为语言的旋律，就像音乐一样，一首旋律优美的歌曲，会让人沉浸其中，给人带来一种美的享受。节奏是一切艺术的灵魂，一部精彩的电影、一部有感染力的歌剧，无不是把握了节奏的艺术。语言表达也是一样。一个说话节奏感好的人，能打动人心，会让对方听得很舒服，愿意继续深入沟通。而一个人讲话如果像和尚念经一样，毫无节奏变化，就会让听的人觉得烦躁不安，影响沟通效果。具体说话的节奏，指的是语速的快慢、适当的停顿、声音的高低、强弱的变化等。把控沟通时说话的节奏感，首先语速不能太快，对方会跟不上，影响信息的传递。当说到重点内容时要放慢语速，并适当停顿，给对方消化理解语言内容的时间；当要表达激动、兴奋的情绪时，通常音调往高走；当要表达悲伤的情绪时，通常音调往低走，要结合具体的情境和说话的内容。

总之，正确地运用声音、掌握合适的节奏、语气，对于有效地传达信息和展开良好的沟通至关重要，这也是基础的沟通礼仪，能够使沟通更加准确、流畅和有力，提升沟通效率。

第四十一课
语言表达：清晰准确，言之有物，无口头语

在商务沟通中，语言表达清晰准确、言之有物、无口头

语，是商务沟通的基础礼仪，它能够帮我们更好地传递信息，让对方容易理解并且产生共鸣，进而提升沟通效率，建立良好的人际关系。

> **语言表达清晰准确**
>
> 记得有一次，我受北京一家人工智能企业的邀请，为一位人工智能专家做演讲与沟通礼仪的辅导。这位专家即将向来自政府、企事业单位的多位领导做一场非常重要的沟通汇报，所以安排了此次辅导。在我对她辅导的过程中，我发现了问题所在。这位专家在人工智能领域非常专业，但在模拟练习中我发现，她的整个汇报涵盖大量专业词汇，我直接指出问题所在："您在人工智能领域非常专业，但听您汇报的对象，他们来自不同的行业，并没有人工智能的专业背景，您如果这样去跟他们沟通，他们肯定听不懂。需要能够将那些专业词汇用举例子、做比喻等通俗易懂的语言讲出来，对方才能真正理解您讲述的内容。"在听了我的建议后，她做了修改，在最后正式沟通汇报中，取得了不错的效果。

在商务沟通中，语言表达要清晰准确，它不仅包括选择精准的词汇，有效组织句子结构等，还包括能够运用例子或比喻来解释复杂的概念，只有这样才能更好地传递信息，增进理解，不容易产生歧义。

1. 选择恰当的词汇

选择能够准确表达概念的词汇，避免使用含糊不清或模糊的词汇。

2. 组织句子结构

使用清晰、简洁的句子结构，避免句子过长或结构过于复杂，让人难以理解。

3. 注意语法正确性

正确掌握名词、动词、形容词、副词等语法知识，确保句子语法正确。

4. 使用例子和比喻

如果可能的话，使用具体的例子或比喻来解释复杂的概念，帮助对方更好地理解。

5. 语言表达言之有物

商务沟通中说话要有具体的内容，不泛泛而谈，能够让对方从中获得真实、具体、有用的信息或启示，从而更好地实现沟通的目的。《论语》中有这样一句话，孔子告诫弟子说："群居终日，言不及义，好行小慧，难矣哉！"意思是说"一群人整天聚在一块，言谈不涉及正理，喜欢耍小聪明，这就难以有所成就了"。如果说话缺乏实际内容，不仅会让对方感到无聊，也浪费了彼此的时间，那么如何做到在沟通时言之有物？

（1）在沟通表达时尽可能具体、详细地描述事物，避免空洞的套话和虚伪的言辞，让语言真正起到传递信息和交流思想的作用。

（2）表达时要有清晰明确的思路和观点，避免模棱两可的表达，才能让对方更好地理解和接受我们的观点。

（3）语言表达本质上是向外"输出"，"输出"要想精彩，必然要多"输入"，比如平时多阅读、多思考、多实践，当这些积累多了，自然而然能表达出有见解的观点，做到言之有物。

6. 语言表达无口头语

在沟通表达时，有的人说话会情不自禁地出现口头语，比如"你知道吧""那个""怎么说呢""但是"等。这些口头语的出现，会让语言显得不够精练，整个表达显得冗长和啰唆，进而影响整体沟通效果。要想沟通时不出现口头语，我们可以从以下三个方面来进行改进和提升。

将自己的讲话录音：很多人是无意识地在表达时加入口头语，那么可以将自己的讲话录音，找出自己的口头语，然后在以后讲话时要有意识地避免使用那些口头语，让自己的语言更加精炼和专业。

提高词汇量：经常使用口头语也是词汇量匮乏的一种表现，扩大自己的词汇量，使自己的语言更加丰富和多样。

多加练习：带口头语是一种表达习惯，通过不断的练习，逐渐改进自己的语言表达方式，提高自己的表达水平。

第四十二课
一句礼貌用语,成为商务沟通的润滑剂

礼貌用语,是指在商务沟通中使用的具有尊重、友善特征的语言表达,它就像人际关系的"润滑剂",能够让我们在交流中感受到尊重、友善和温暖,让交流更加顺畅、和谐,为沟通双方建立起一座信任的桥梁。我们的儒家经典《论语·雍也》关于谈吐文雅,言之有礼是这样说的:"质胜文则野,文胜质则史。文质彬彬,然后君子。"意思是文质要统一,即外在的言语表达与内在的品格要统一、符合礼的要求。

> **案例**
>
> 周总理教导礼宾司人员一定要谦虚热情,平等待人。在接待国宾会见和会谈时,通常做法是中方陪同人员到齐后再请外宾。有一次,中方人员都到齐了,工作人员就去请示周总理说:"总理,我方陪同人员到齐了,我去叫外宾吧!"总理批评他说:"什么'叫'?应该是'请'。"可见,一字之差,差之毫厘,谬以千里。"叫"是上对下,命令之意;而"请"是平等态度,客气用语。[1]

---

[1] 吴德广. 礼宾轶事[M]. 北京:五洲传播出版社,2017:20.

一句简单的"请""谢谢"或"对不起",往往能够在沟通中缓解紧张气氛、化解误会,赢得他人的尊重和好感。因为礼貌用语不仅仅是一种语言形式,更是一种尊重与情感的传递,展现我们的良好修养。接下来,我整理了适合在商务沟通中经常使用的礼貌用语。

一、表达问候

"您好""你好""大家好""早上好""下午好""晚上好"等,通常用于人与人见面时说的第一句话,可以是和新认识的朋友之间,也可以是和熟悉的朋友或同事之间,率先通过问候的方式伸出友谊之手,开启一段对话,表达对他人的敬意和尊重。

二、表达告别

"再见""下次再见""晚安""您慢走""一路顺风""旅途愉快"等,用于结束对话,表达出对他人的友好和礼貌。

三、表达谦让

"请",比如请您用餐、请您上车等,是把优先权交给对方,体现一种谦让,表达对他人的尊重。

四、表达请求

"能否请您""麻烦您"等,用于礼貌地提出请求或建议。

五、表达感谢

"谢谢""非常感谢您""多亏了您的帮助"等,用于对他人的帮助表达感谢。

六、表达道歉

"实在对不起""抱歉""请您原谅""给您添麻烦了""是我的错"等,用于承认自己的错误并对给他人带来的不便表示歉意。

七、表达祝贺

"祝贺""恭喜""给您道喜"等,对别人取得的某种成功或成绩表达祝贺。

八、表达谅解

"没关系""不必介意""我理解您"等,用于表达对他人的错误或过失表达宽容和理解。

九、表达赞美

"您真棒""做得很好""非常出色"等,用于肯定他人的成绩。

十、表达鼓励

"加油""别灰心""一定可以""再试一次"等,用于鼓励他人。

第二节 识别商务沟通的关键，掌握沟通主动权

第四十三课
学会倾听：先做一位忠实的听众

倾听，是沟通的起点，也是表达对说话者尊重的一种方式。戴尔·卡耐基曾说："在他人心目中，我是一个谈话高手。事实上，我只是善于倾听，愿意听他们吐露自己的心声。"只有学会了倾听，才能和对方开展真正有效的沟通。如果我们不懂得如何倾听，就去和对方展开对话，这样沟通的效果往往是很差的。

> **案例**
>
> 雷军在他的一次公开演讲中，曾经分享过这样一段关于他亲自去店里卖货的真实故事。那时候，他担任金山总经理，公司遇到了困境，产品卖不出去，他想不通，这么好的产品，怎么会卖不出去呢？于是他就下定决心要追根究底，到第一线去把问题搞清楚。他找到中关村一家较大

第五章 商务沟通礼仪

> 的软件店，亲自推销商品，每天在那里站8小时，每次有顾客进店，他像亲戚一样直接打招呼，热情接待，细心讲解，一遍又一遍。可即使这样努力，前三天一套商品也没有卖出去。于是他开始怀疑自己了。到第四天，他决定先暂停销售，去看看销售业绩好的店员是如何推销商品的，他发现了自己与业绩好的店员之间的区别：他见客户时，总是滔滔不绝讲很多，但业绩好的店员不这么做。他们会首先倾听客户的想法，然后按照客户的说法去做介绍。学到方法后，雷军边思考边练习，逐渐找到了和客户沟通的感觉。到第七天时，雷军竟然成了店里的销售冠军。通过这个案例，可见在沟通中，学会倾听是多么重要。

在商务沟通中，倾听和听见是完全不同的概念，听见是被动地接收对方的信息，而倾听是一种主动的积极参与，它包括感同身受地去理解对方讲话的内容、倾听对方的心声并能与之互动。那么如何进行有效倾听及倾听时我们需要注意哪些方面的倾听礼仪，我总结了以下几个方面内容。

一、倾听时请保持专注

当倾听对方讲话时，不停地看手机、左顾右盼、心神不定等状态，都是不专注的表现，这其实是在暗示对方，我对你的讲话内容不感兴趣，也是不重视和不尊重对方的表现。一个好的倾听者，首先需要倾听时保持专注。

二、倾听时不要打断对方的讲话

这是基本的礼貌，我们要等对方把话讲完，再去做相应的回应，在对方还没有讲完话就贸然打断，进行抢话发表自己的观点，这是不尊重对方的表现。

三、倾听时呈现积极的身体语言

倾听对方讲话时，适度地点头、微笑地注视、身体略微前倾，这些积极的身体语言，都是在向对方传达尊重和认可，鼓励他们讲出更多的内容，表明我们对他们的讲话内容感兴趣。

四、倾听时用笔进行记录

这是我使用了多年的方法，每次和客户做课程沟通时，无论是面对面的沟通，还是线上沟通，我都会做记录，将沟通的重点内容记录下来。这样做的结果是，我总能把客户反馈的重点内容毫无遗漏地记录下来，也方便我事后备查，大大提升了沟通效果。在商务沟通中，用本子将对方的讲话重点进行记录是一个好习惯。这样做一方面是在表达对对方讲话内容的重视，另一方面也能将沟通中的重点信息不遗漏地完整记录下来，有效地提升沟通效果。如果只是单纯靠听的话，很难做到不遗漏信息。

五、适时复述重点内容

在倾听对方讲话的过程中，适时复述对方讲话的重点内容，这既是一种回应，也是一种确认，确认自己的理解是否正确，是使双方沟通走向深入的一种方式。

六、恰当的称赞

称赞的目的，是向对方表达认可，比如"不错""厉害""太好了"等语言，是对对方讲话内容的一种积极回应。

七、恰当提问让沟通得到深入

在倾听过程中，遇到自己不理解的内容，或者想深入了解的内容，及时进行提问，与对方进行互动，是能够让沟通更加顺畅和深入的一种方式。

第四十四课
让积极的回应成为一种沟通习惯

沟通是一个持续的双向互动行为，对于一方说的话，我们要进行回应。礼貌友善积极地回应，会让人倍感温暖，且能够使沟通在一个愉快融洽的氛围中进行。而不回应或者负面、不积极的回应，则会使沟通进入死胡同，进入"沟而不通"的境地。那么我们如何在商务沟通中进行礼貌积极的回应，我总结了五个积极回应的沟通技巧，具体如下。

一、回应时少使用"但是"

工作中我们会遇到这样的人，当你和他沟通时，他总是喜欢用"但是"做回应，这样几个回合下来，沟通就进入了死胡同。因为一句"但是"，把双方代入了对立的立场，最后结果就是不欢而散。我们可以有疑问或不理解，但要注意回应方式要恰当。比如可以这样说："您的这个想法很有建设性，关于这点我有一个问题，向您请教。"这样说既表达了自己的困惑，也照顾了对方的情绪，使双方沟通氛围在友好中进行下去。

二、回应时多使用积极的语言

比如"您说的这些对我非常有帮助""您的这个观点对我很有启发"等，这种积极的回应不仅温暖有力量，而且同时也在向对方传递一种肯定。肯定的力量是强大的，当对方感受到这种肯定后，会更愿意袒露心声，更愿意把沟通愉快地进行下去。"良言一句三冬暖，恶语伤人六月寒"，多用积极的语言去回应。

三、回应时要考虑对方的身份和具体情境

沟通中的回应，不仅是传达信息，更是展现职业素养、建立良好关系的重要方式。小李是一名项目经理，他的直接上级领导是部门经理张总。在一次项目汇报会上，包括小李在内的共五位项目经理向张总汇报工作。张总对小李负责的项目进度表示了不满，认为进度滞后且存在若干问题。小李当场反驳并回应张总说："这个项目难度太大，我们人手也不够，目前能做成这样已经很不错了，不行你找别人做吧。"小李这样回应的方式是不妥当的，没有考虑到张总是自己直接领导的身份，而且又是当着其他同事的面，在这样的情境下，这种回应方式多少让张总有些难堪。恰当的回应方式是："张总，特别感谢您的反馈。确实，项目进度有些滞后，主要原因是我们在某些关键环节遇到了技术难题，同时团队成员之间的协作也有待加强。我已经制定了详细的改进措施，包括增加技术支持、优化团队协作流程，并设定了更为紧迫的时间节点。我会在下次会议上详细汇报改进后的项目进度。"先对领导的反馈表达感谢和认可，然后直接承认问题并提出解决方案，既考虑了对方的领导身份，又结合当下具体的情境，比找借口更能赢得领导的信任和支持，同时这种恰当的回应也展示了小李的责任感和解决问题的能力。

四、先回应情绪，再回应事实

我们在沟通时会遇到这样的情况，当有一方出现愤怒、委屈、难过、焦虑等情绪时，这个时候我们要做的不是继续讨论事情，因为人在有情绪时，是无法进行理性清晰地思考和表达，我们要做的是先回应对方的情绪，可以说"我理解，这个时候你肯定会特别生气、特别着急"，等对方情绪逐渐平复下来后，再来商量事情的解决方案，这样做才是智慧的。

五、有技巧地回应"不同"

很多时候，双方的沟通充满分歧，那么当不同的声音出现时，我们应该如何去回应？这是很多人非常关心的问题，我一直使用的是麦肯锡的"三步走"话术，很有效，具体如下：

- 首先必须感谢，要谢谢人家。说"谢谢你提的意见"。
- 停顿一下，重复一下对方提的意见，这样做的目的是让对方感受到你尊重他的意见。
- 这个时候，如果同意对方的意见，就真诚地表示同意。如果不同意，不要和对方争论，说一句："我会认真考虑，感谢你的意见，我会再想一下。"

第四十五课
真诚地赞美，为商务沟通升温

赞美是商务沟通的润滑剂，林肯说："每个人都喜欢赞美。"真诚、合适、恰到好处的赞美，如一缕阳光，能够照亮对方的同时，还能拉近和对方的心理距离，提升我们的人际友好度，使交流沟通的氛围变得更加融洽和美好。

> 2023年11月15日，国家主席习近平同美国总统拜登在斐洛里庄园举行中美元首会晤，就事关中美关系的战略性、方向性问题深入交换意见。会晤结束后，拜登总统亲自出门向中国领导人送行。他在看到中国红旗座驾时，不禁连连称赞：Beautiful（太美了）！这句赞美的背后，是对中国汽车工业的认可和赞赏。可见，从大国外交到日常的商务沟通，赞美无处不在。

赞美是一种有效的社交技巧，通过赞美，可以让对方感受到被重视和被认可。那么，我们应该如何赞美呢？接下来我总结了在日常工作中非常实用的五种赞美技巧。

一、赞美越具体越好

赞美尽量不要大而空，要有具体的细节，才能让人感受到真诚和用心。比如听了赵老师的课程，你想称赞一下赵老师，说"赵老师，您真棒"，不如换成"赵老师，今天听了您的课程，让我受益匪浅，解决了一直困扰我的工作上的一个难题"，后者比前者更加具体。

二、赞美要把握好尺度

不恰当、脱离实际的赞美，会让对方感到不适，起到相反的作用，只有把握好尺度，方能有效。有一次我去听一场讲座，演讲者刚登台，会议主持人向大家介绍说："这位就是李老师，近年来她在自媒体领域做得非常出色，也算有点儿名气了。"这末尾的一句话用得很不恰当，作为听众我听了都觉得非常不舒服，更何况是台上的那位演讲者了。主持人其实是想表达李老师很优秀的意思，不料画蛇添足，偏离了本意，让对方觉得贬低了自己。

三、把赞美说到点上

如果是不痛不痒的赞美，还不如不去赞美，这就要求我们平时善于观察，能够发现对方和别人的差异之处，找到对方的闪光点，把赞美夸到点上。比如，当我们见到一位相貌平平的女士，就不应该去赞美她的漂亮，可以赞美她的工作能力出色或学历背景好等。

四、不仅可以当面赞美，背后也可以

就是间接赞美，在第三者面前去赞美一个人。据国外心理调查研究显示，背后赞美别人的作用绝不比当面赞美差。设想一下，当你从第三者口中得知，一个朋友或并未见过面的朋友在背后称赞了你，你的内心一定是非常喜悦的。记得有一次，我受北京一家工会的邀请，去讲授商务礼仪课程。当天到达课程现场，迎接我的一位工会工作人员对我说："尹老师，当您的课程海报发出去的时候，就有一位学员跟我们反馈说，她很久之前听过您的课程，说您讲得非常不错。"当我听到这句话时，心里非常高兴，虽然我对这位学员已经印象不深刻了，但我还是非常感谢她对我的赞美和认可，特别是这种赞美是从第三者口中说出来的。

五、用行动表达赞美

赞美不仅可以通过语言，还可以通过行动。记得有一次，我去大学给即将毕业的大四学生讲授《面试礼仪》的课程，让我印象深刻的是坐在第一排的一位女同学，全程都在认真记笔记，还不时地用手机拍我讲的重点内容，下课后走到我跟前说："尹老师，我方便加一下您的微信吗？您讲的内容非常实

用。"除了赞美的语言外,她这一系列的行动,也是向我表达赞美的一种方式,所以当天讲完课后,我内心非常高兴,这就是赞美的力量。

第三节 学会商务通信礼仪，让你礼行天下

第四十六课
电话沟通，用声音传递专业与友好

在这样一个惜字如金的时代，掌握电话礼仪，让那些即使没见过我们的人，也能够在电话沟通中感受到我们的专业与友好，让商务沟通更加顺畅高效，进而赢来更多的合作机会。

> 2024年，我为一家能源公司的采购部讲授商务礼仪课程。采购部主要负责企业的采购工作，因此日常工作中和供应商及其他合作机构有大量的电话沟通。关于电话沟通礼仪他们非常关注，记得在课堂上，他们问我说："尹老师，关于谁先挂断电话这个问题，出于礼貌，我会先等对方挂断电话后我再挂断，但我发现，有时对方也在等我挂断，出现双方同时都在等对方挂断的场景，应如何处理？"像这样的情况，大家平时在工作中也会遇到。通常情况

> 下，在双方通话结束 3 秒后就可以挂断了，不必继续僵持等待对方挂断电话。

一、拨打电话的礼仪

1. 拨打电话的时间

尽量不要在早上刚上班、临近下班的时间或者周末休息时间给对方打电话。通常情况下，早上刚上班，大家都较忙，特别是每周一的早上，不太适宜接电话，除非是有特别紧急的事情。临近下班时间给对方打电话，会影响对方正常的下班，也不合适，因此我们拨打电话要避开这几个时间段。

2. 电话开场与电话结尾

如果是第一次给对方打电话，通常开头第一句是"您好"，介绍自己的名字和来自哪里，接下来进入主体内容的沟通。在通话的结尾，作为拨打电话的一方，要说一些感谢的话，比如"感谢您的宝贵时间""给您添麻烦了，谢谢您"等话语。

> 记得有一次，我接到一个陌生电话，打电话者直接上来就说："尹老师，我们想邀请您为我们做一次礼仪课程的分享。"搞得我一头雾水，因为我对对方是谁、来自哪里还一无所知，这种沟通方式是不礼貌的。

3. 语气温和、语速合适、吐字清楚

如果语气生硬，会让对方产生距离感，缺少亲和力。同时注意语速合适，不可太快，特别是讲到重要的事情，更要放慢语速，给对方消化吸收理解内容的时间。吐字清楚，不让对方产生歧义。

4. 简明扼要、逻辑清楚

简明扼要，把主要核心内容表述清楚。如果要沟通的内容较多且重要，建议提前列好内容提纲，一项一项沟通，防止重要的沟通内容被遗漏。同时，要注意说话的逻辑性，先说什么，再说什么，最后说什么。有逻辑的表述，能够让对方很好地理解你的说话内容。

5. 通话时长

建议宁短勿长，尽可能控制在 3 分钟以内；如果特别重要的事情，需要通话时间较长，那么要在开始时告知对方并征求对方的意见，并在通话结束时略表歉意。

6. 位高者先挂断电话

双方通话即将结束时，通常位高者可以先挂断电话。如果双方职位相当，那么在通话结束 3 秒后就可以挂断电话。

二、接听电话礼仪

1. 及时接听电话

通常电话响过 2~3 声后，就可以接听电话。如果电话响

过多次才拿起电话接听，要适当对对方表示歉意。

2. 养成记录的习惯

在接听电话时，要养成拿起笔随时做记录的习惯。"好记性不如烂笔头"，特别是一些重要内容，如果当时不做记录，挂断电话后就很容易遗忘。

3. 接听电话的礼貌用语

接听电话，通常第一句的礼貌用语是"您好，这里是×××"。同时要注意保持身体姿势端正，因为东倒西歪的接听电话姿势会影响说话的声音。

4. 礼貌转接他人电话

当我们接听电话时，发现对方找的是其他人，那么我们要礼貌地帮忙转接。如果对方找的人恰巧不在，我们要告知对方并让其稍后再打过来。

第四十七课
往来邮件沟通，格式与用语要专业

电子邮件是我们日常商务沟通中不可或缺的交流方式，规范地使用邮件，掌握邮件礼仪，对有效沟通、提高工作效率有着重要的作用。

> 有一次我去西宁给一家地产公司讲授商务礼仪课，在前期课程需求沟通会上，企业方的领导着重跟我说要重点讲解一下邮件礼仪，他说："尹老师，我们的青年员工在邮件礼仪方面有所欠缺。他们在回复我的邮件时经常不及时，有时两天之后才回复，而且邮件语言表达过于口语化，比如'请注意查收哦'等表达，偶尔还会在邮件里插入一些笑脸符号等，我觉得这样回复是非常不妥的。"的确是这样，职场人士常常需要撰写邮件，邮件的专业度体现的是个人专业度，因此在邮件的语言表达、风格、回复等方面都要能体现专业性。

一、邮件标题

标题要简短，提纲挈领，不宜冗长。能够体现邮件的核心内容，让收件人看到邮件标题就对邮件整体内容一目了然，进而权衡邮件的轻重缓急。

二、邮件称呼与问候

称呼，能够表达我们对收件人的尊重和礼貌。因此，一封邮件的开头要有对收件人的称呼。国际邮件正式称呼别人为"先生"或"女士"。如果对方有职务，应按"姓+对方的职务"尊称对方，比如"李经理"，称呼要第一行顶格写。中文邮件的问候语通常为"您好"或者"你好"。

三、邮件正文

正文要简明扼要,用词准确,不要出现歧义的词语,注意行文的通顺。如果正文的内容较多,千万不要长篇大论,要摘取核心内容,使用数字或者项目符号,列成几个段落,分别说明,每个段落不要冗长。如果内容确实非常多,那么可以用附件的形式,附在邮件后面。

四、语气和风格要能体现专业性

商务人士撰写的邮件,在语气和风格上要能体现专业性。比如"哎""哦""对了""我想想"等表达就显得口语化,不够专业。邮件中的每一个词语都应该体现专业性。

五、一封邮件内只讲述一件事情

一封邮件内,可以只针对一件事情加以说明。不要在同一封邮件内同时讲述多件事情,因为这样会使人产生歧义。如果还有其他的事情要说明,那么要另外再写一封邮件。

六、重要信息要有提示

关于邮件内的重要信息,要有提示。可以采用不同的形式进行提示,比如采用加大字号、粗体等形式。这样做能够让收件人一目了然，知道邮件的重点内容。

七、不要使用笑脸等卡通符号

商务往来，为了体现邮件的严肃性和正式性，不要在邮件内插入笑脸等卡通符号。

八、关于附件

如果邮件内带有附件，那么应在正文告诉收件人查看附件，并对附件的内容进行简短说明。附件的数量如果超过3个，要打包压缩成一个文件包，这样能方便收件人一次性下载附件。

九、关于结尾签名

建议在邮件的后面附上自己的个人签名，方便收件人清楚地知道发件人信息。签名档的信息通常包括姓名、公司、职务、电话、地址等。需要注意的是，签名档的信息不要太多。

十、关于邮件礼貌用语

在书写一封邮件时，注意使用礼貌用语，以表达对对方的尊重。比如像"烦请您""谢谢""感谢您"之类的话语。

十一、检查邮件

在邮件正式发送之前，要对邮件的整体内容进行检查，包括行文是否通顺、是否有文字错误等情况，要养成检查的习惯，以确保邮件的准确性。

十二、关于邮件回复

收到他人的重要电子邮件后，在 2 小时内回复为佳。通常情况下，商务人士电子邮件的回复时间不要超过 8 小时。如果邮件的回复时间超过 24 小时，那么就显得工作不高效了。建议商务人士要养成每天两次查阅邮件的习惯，这样就能够做到及时回复邮件。

第四十八课
微信沟通，也要有礼可循

微信这一社交软件，在商务交往中是使用率越来越高的通信工具。因为它更加便捷，能提升沟通效率。那么在使用微信时，应注意哪些礼仪问题？接下来我们介绍微信礼仪。

一、打字比语音更加礼貌

打字更加礼貌，也方便对方查看，因为文字一目了然，节省对方阅读时间。如果是发送语音，那么很可能对方所处环境不方便播放语音，即使转换成文字，也很可能会有歧义。

二、慎用表情符号

使用微信进行工作沟通，要慎重使用表情符号。有人在微信沟通时习惯用各种表情符号来调节沟通氛围，在生活中我们和朋友可以这样沟通，但是工作中要慎重使用。使用表情符号会显得随意，缺少沟通的正式性。

三、不要随意拉别人进微信群

建立微信工作群，让沟通更加高效是可以的。但是当我们拉别人进入工作群时，要提前跟对方打招呼，得到对方的允许后，再将对方拉进微信群。我经常遇到这种情况，在没有被提前告知的情况下，被拉进各种微信群，这是很不礼貌的。

四、使用微信语音电话或视频电话沟通，要先得到对方的允许

很多伙伴使用微信语音电话或者视频电话来代替手机电话，在这里做一个提示：要提前得到对方的同意，方可使用。不能在没有征得对方同意的情况下，贸然使用微信电话或视频沟通，因为很可能对方此刻并不方便接听你的语音电话，或者他所处的环境不方便进行视频沟通。

> 记得一个周末的下午，我正在家里备课，突然我的微信电话铃声响起，我一看，是一位不太熟悉的朋友打过来的，我直接把电话挂断了。本身就不是很熟悉，而且还是在周末的时间。那么如果要使用微信电话和别人沟通，应提前先在微信上问一下"此刻接听电话是否方便"？得到对方的允许后，再使用微信电话沟通，这是基本的礼貌。

五、添加好友时自报家门

工作原因，有时我们需要添加对方为好友，不是通过面对面的方式添加，而是通过搜索手机号等其他方式，那么这时就需要我们在添加好友时先做一个自我介绍，让对方知道我们的基本信息。

六、首句能反映主题

现代人工作节奏快，多则每天能收到几百条的微信消息，如果首句不能反映主题，发"在吗"这种没有实质内容的信息，对方就没办法及时高效地读取信息，那么我们发的微信就会被淹没在对方消息的海洋中，没办法得到及时回复。

七、不建议群发祝福的微信

逢年过节，我们经常收到一些祝福的微信，如果一看是群发的祝福短信，那么大概率得到回复的概率很低。所以为了体现我们的诚意，并能得到对方的重视，建议大家发送祝福类的信息时，要加上对方的称呼，比如："在春节之际，恭祝李老师和家人平安健康！万事如意！"

第六章

商务宴会礼仪

第一节 中餐礼仪：舌尖上的艺术

第四十九课
宴会邀约与赴宴的礼仪

国际调查显示，成功的商务会谈，除了在办公室，就在餐桌上。在商务交往中，宴会是非常重要的一种交际活动。因为宴会轻松愉悦的氛围更容易拉近彼此间的距离，能够为商务合作打下坚实的基础。那么无论是组织一场宴会，还是受邀参加宴会，都涉及宴会礼仪。本节我们先从宴会邀约和赴宴的礼仪开始。

一、宴会邀约礼仪

1. 提前多长时间发出邀请

提前一周是"请"，提前三天是"叫"，当天邀请是"抓"。在国际上，一般会提前两至三周发出邀请；在国内，对于重要的客人，建议至少提前一周至两周发出邀请，这样方便对方提前把时间预留出来；一般的客人，我们也要提前一周发出邀请，特别是北京、上海等一线城市，大家工作节奏快，平时行程排得满，如果不提前邀约，对方很难预留出时间。

> 我是一位礼仪老师，平时工作中我需要经常出差，到不同的城市去授课。一次我正在成都出差，接到来自北京一家企业的电话邀请，问我当天晚上6点是否有时间参加他们举办的招待晚宴，弄得我哭笑不得。我连忙拒绝，并解释说正在外地出差，无法当天赶回北京。像这样的邀请，我平时接到的很多，可见掌握宴会邀请礼仪多么重要。

2. 邀请的形式

邀请的形式主要分为书面邀请、电话邀请和口头邀请三种。正式的宴会，通常采用书面邀请的形式。小型的非正式宴会，可以用电话邀请，方便快捷；比较熟悉的朋友，可以用口头邀请。

3. 请柬内容规范

请柬应包含宴会具体时间、地点、被邀请人的姓名、着装要求、注明是谁发出的邀请、联系人等重要信息。如果是重要的宴会，可以在请柬的基础上，附上一两页说明，以方便让受邀方进一步了解宴会的相关要求。

二、赴宴的礼仪

1. 认真阅读和理解请柬的内容

赴宴之前,对请柬上的内容要认真阅读,了解宴会的相关要求。如果有不清楚的地方,要及时和主办方联系确认。

2. 按时到达

按时到达,但不宜太早到达,因为太早到达很可能主办方还没有做好迎宾的相关准备,反而会给对方造成麻烦。太晚到达也是不礼貌的,所以要把控好时间。

3. 得体的服饰形象

按照请柬上标名的着装要求来着装,如果请柬上没有写着装要求,那么着装要尽可能正式。得体的服饰形象能够表达对宴会和与会人员的重视,具体见本书服饰礼仪的内容。

4. 是否准备礼物

如果出席私人性质的宴请或者家宴,那么要准备一份礼物,如鲜花、红酒等;如果是企业性质的宴会,要视具体情况而定。

5. 提前了解其他客人

提前向主办方了解都有哪些客人参加,以及客人的背景信息,方便在宴会现场可以与他们更有效地交流,建立连接,不至于出现冷场等尴尬情况。

第五十课
宴请宾客，座次与桌次有讲究

中餐宴会，特别是邀请的客人较多时，要提前安排好座次和桌次，既表达出对客人的尊重，也方便参加宴会的人都能各就各位，让宴会更加有序地进行。我国5000多年的文化中，自古对于座次就有讲究。比如《礼记》中记载："主人者尊宾，故坐宾于西北，而坐介于西南以辅宾。"在现代，我们在宴请宾客安排座次和桌次时，依然要遵循一定的次序原则。

> **案例：奥运国宴席位巧安排**
>
> 2008年奥运会的盛况很多人依然记忆犹新。2008年8月8日中午12点30分，时任中国国家主席胡锦涛在人民大会堂宴会厅为出席北京奥运会的贵宾举行欢迎宴会。国宴共设九大桌主宾席区，每张桌子并没有采用原有编号的方式，而是别出心裁地以鲜花为名，分别为牡丹、茉莉、兰花、月季、杜鹃花、荷花、茶花、桂花、芙蓉。这九种鲜花都是我国为人所熟知的最美丽的花卉，其中尤以牡丹为最，它是富贵、繁荣、幸福和吉祥的象征。国宴用鲜花来命名餐桌，寓意是充分体现奥运大家庭的和谐氛围，向世界人民展示百花争艳的繁荣景象，更是体现东道主对外

宾恰如其分的礼仪，让他们既不会有因为座次编号产生尴尬，又有置身于芬芳花海中的感觉[1]。

一、宴会座次礼仪

中餐宴会是圆桌，大家围坐在一起，如果宾客人数超过八位，且彼此间又不熟悉，那么要提前准备座签，以方便宾客彼此相互认识。座次原则是面门为尊、背景为尊、主座居中、观景为尊、以右为上、主方和客方穿插而座，具体如下。

如图 6-1 所示，主人坐在正面向门的中间位置，遵循以右为上的原则，安排客 1 坐在主人的右侧，安排客 2 坐在主人的左侧，以此类推，这是日常宴请常见的一种座次安排：

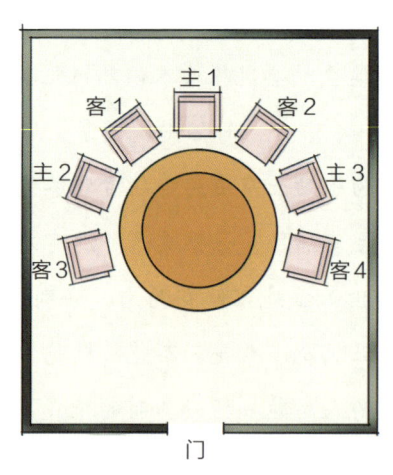

图 6-1　宴会座次礼仪[1]

---

[1] 吴德广.礼宾轶事[M].北京：五洲传播出版社，2017：254.

如果宴请的客1级别高于主1，或者客1是主1的上级领导，那么要安排客1坐在主位上，如图6-2所示。

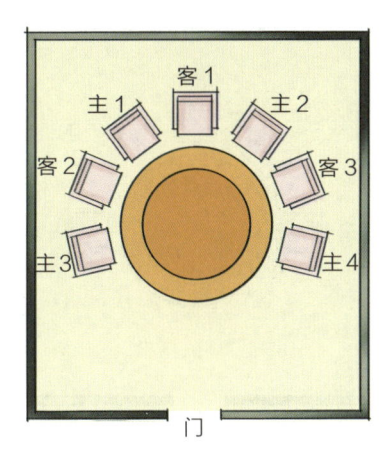

图6-2　宴会座次礼仪②

山东省的座次排法跟其他省不同，是双主人制，具体如图6-3所示。

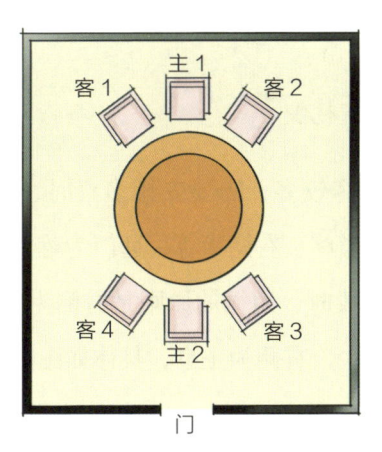

图6-3　宴会座次礼仪③

企业内部宴请，主人坐在1号位，主人的右侧为2号，主人的左侧为3号，以此类推，具体如图6-4所示。

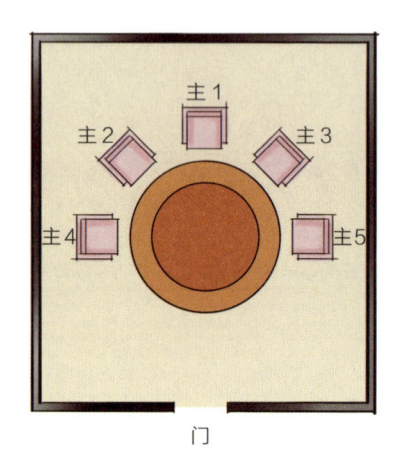

图片6-4　宴会座次礼仪④

商务宴请的目的，是增进与客人的友谊，让客人感到舒适愉悦，因此在安排座次时，还要具体情况具体分析，有一定的灵活性。

二、宴会桌次礼仪

当宴会的宾客较多，需要安排多桌时，桌次排列原则是居中为尊、以里为尊、右侧为尊、远门为尊，具体如下：

两桌横向摆放时，遵循的原则是右侧为尊，这里的右侧，是指人面向门而立，右侧为主桌，具体如图6-5所示。

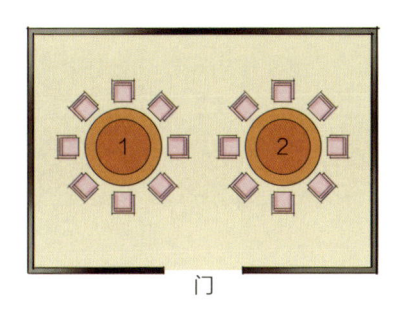

图 6-5 宴会桌次礼仪①

两桌纵向摆放时，遵循的原则是远门为尊、以里为尊，具体如图 6-6 所示。

图 6-6 宴会桌次礼仪②

三桌横向排列，遵循的原则是居中为尊，即 1 号桌摆放在中央；以右为尊，即 2 号桌摆放在 1 号桌的右侧，具体如图 6-7 所示。

四桌时，先定 1 号桌，遵循远门为上、右为上、面门为上

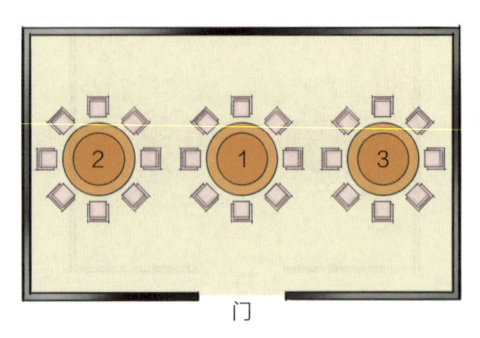

图 6-7　宴会桌次礼仪③

的原则，具体如图 6-8 所示。

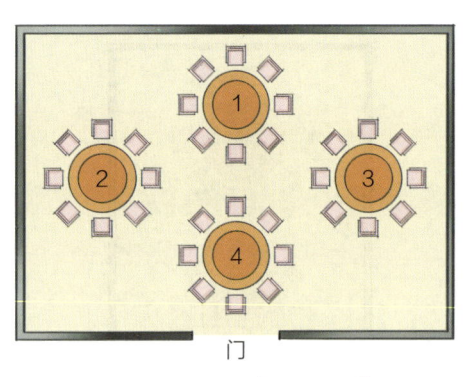

图 6-8　宴会桌次礼仪④

五桌时，遵循以里为尊，以右为尊的原则，具体如图 6-9 所示。

六桌时，遵循居中为尊、右侧为尊的原则，具体如图 6-10 所示。

七桌时，居中为尊，1 号桌位于中央，1 号桌的右侧为 2 号桌，具体如图 6-11 所示。

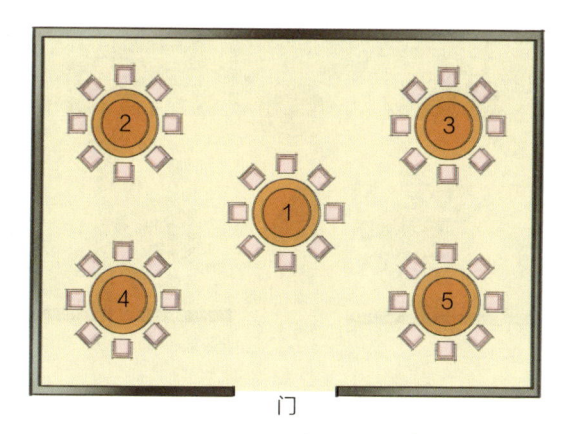

图 6-9　宴会桌次礼仪⑤

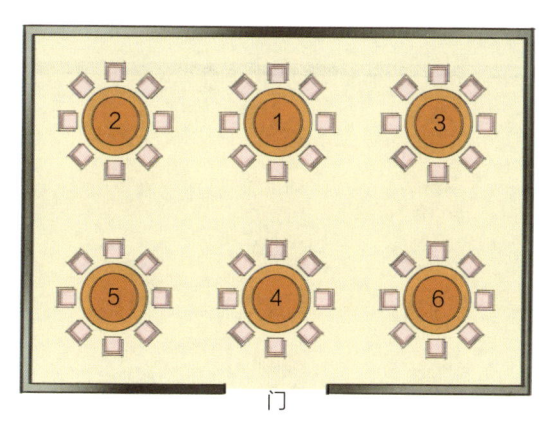

图 6-10　宴会桌次礼仪⑥

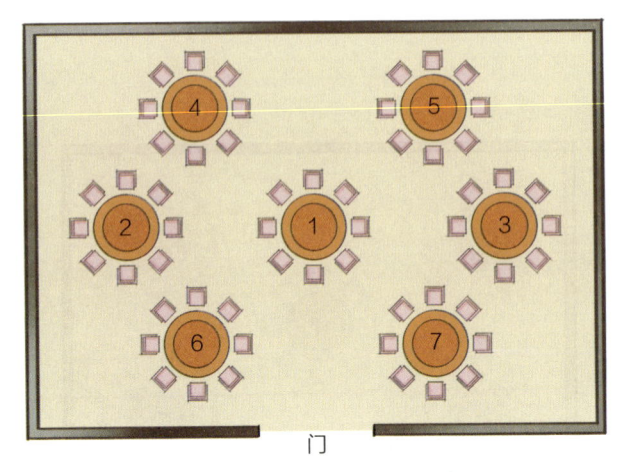

图 6-11　宴会桌次礼仪⑦

九桌时，遵循原则同六桌原则一样，具体如图 6-12 所示。

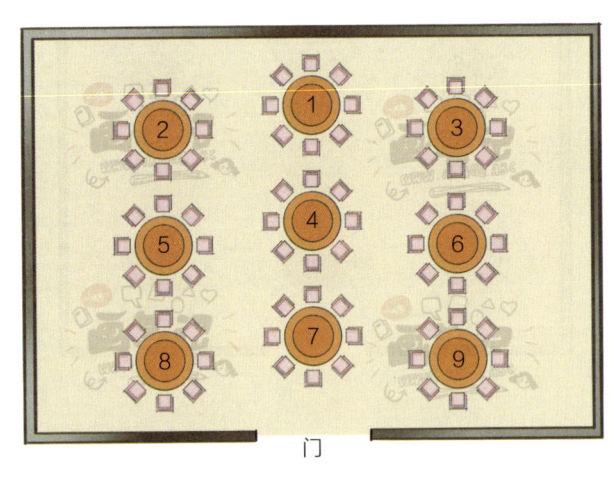

图 6-12　宴会桌次礼仪⑧

第五十一课
入座与离席：细节赢得尊重

中国是礼仪之邦，我们早期的礼仪典籍《礼记》中记载："夫礼之初，始诸饮食。"宴会餐桌礼仪，特别是入席与离席，它是一场宴会的开始和结束，起着至关重要的作用。这些微小的细节做好，不仅能体现一个人良好的修养，更能赢得他人的尊重。

> 小王刚参加工作两年，有一次经理带他去参加一个重要的商务宴会。到达宴会现场后，经理和另外一家企业的领导在交流，此时客人还没完全到齐，这时候小王直接就坐在宴会椅子上玩起了手机。不一会儿，客人陆陆续续都到齐了，宴会正式开始了，只见小王把手机放在桌子上，旁若无人地跷起了二郎腿开始用餐，这时经理脸色马上阴沉起来。在回去的路上，经理对小王说："小王，今天你有几个地方做得不对，以后要改进。首先，我们参加这种商务宴会，主要目的不是吃饭，而是和别人多交流，建立连接；其次，宴会落座有讲究，要等主要领导和客人先落座，然后我们再落座；注意用餐时的仪态管理，吃饭时不要跷二郎腿。这些餐桌礼仪如

> 果做得好，会为我们带来尊重和更多的合作机会。相反，如果做得不好，即使我们再有实力，也会影响我们在别人心目中的形象。"

参加正式的商务宴会，在入座与离席时，需要注意以下几个方面的礼仪：

入座的先后顺序，通常情况下，需要等主人和主宾、领导、长辈落座后，再落座；大型宴会有多桌，当找到自己的座位后，尽量不要先入座，等其他人找到位置后，再入座。

从左侧入座是礼貌的，不要从右侧入座，离席时从左侧或右侧出都可以。

女士如果穿裙装，需要把裙摆整理一下后再落座。

为表达对女士的尊重，体现绅士风度，当大家落座时，同桌男士可以等待女士入座后，再入座。

注意坐姿，坐在椅子的 2/3 位置，上身微微前倾，不要把整个背部完全倚靠在椅背上，尽量保持背部端正，不要弯腰驼背；不要抖腿和跷二郎腿，让自己的坐姿更加优雅端庄，这样会赢来更多的好感和尊重。

当坐下来时，不要出现抓耳挠腮、解衣领撸袖子等小动作，这样会让同桌人感到不适，同时也有失体面。

在餐桌上，双手不要交叉抱胸，这种肢体语言传递的是不友好，会让别人产生距离感。

在入座和离席时动作要轻缓,移动椅子时尽量不要发出大的声响,以免影响其他人。

宴会中途如果有事要提前离开,一定要向邀请你来的主人说明情况后再离开。

离席时,友善地同周围人礼貌道别后,再离开。

第五十二课
点菜的艺术

商务宴请中,非常重要的一个环节是为客人点菜,点菜是一门艺术。菜肴点得好,宾主尽欢。如果点菜失误,则会影响整个用餐氛围。那么,应该如何点菜?点菜时需要注意哪些问题?接下来我们介绍点菜的技巧。

> 王佳刚刚应聘上董事长助理,主要负责协助董事长处理集团相关业务和日常接待等工作。这天董事长和集团其他领导一行共五人去成都分公司开会。当天早上董事长对王佳说:"你去预定一家餐厅,中午我请成都公司的领导们吃饭。"王佳想,既然来成都了,那就吃火锅,有当地特色。于是他预定了成都一家餐厅的麻辣火锅宴。临近

> 中午，领导们来到王佳预定的餐厅，大家吃起了麻辣火锅宴。董事长和另外几位领导叫苦不迭，连连摇头。原来董事长不能吃辣，而另外两位领导有高血压，也不能吃麻辣火锅。这其实是一次失误的宴请，因为王佳没有提前问领导们是否有忌口，考虑不周。

我们在商务宴请点菜时，需要注意以下几个方面的礼仪。

一、考虑客人是否有忌口

点菜时，首先要问客人是否有忌口的食物，有的客人因为健康情况或者宗教信仰，在饮食上有禁忌，比如有的人对海鲜过敏，有的人不能吃辣等。

二、体现当地特色

宴请外国客人时，优先点有中国特色的菜肴，比如北京烤鸭、四喜丸子等；宴请外地来的客人时，优先点有本地特色的菜肴，比如在杭州招待上海来的客人，那么可以点几道杭州本地特色菜。

三、菜的品类要丰富

鱼、肉、海鲜、蔬菜、水果等品类要丰富，有冷有热，荤素搭配合理。

四、原料上不要重复

比如点了一道宫保鸡丁，又点了一道辣子鸡丁，原料上鸡肉有重复，这样就不好。

五、兼顾多种烹饪方式

点菜要兼顾不同烹饪方式的菜肴，煎、炒、清蒸、炸、炖等；对于年长的客人，可以多点一些清蒸的少油菜肴，容易消化。

六、点多少道菜合适

总体上，菜的数量不要少于人数，比如六个人吃饭，那么可以点八道菜，如果男士比较多，可以再加一两道菜。

七、关于菜的口味

中国的饮食有"南甜、北咸、东辣、西酸"的习惯。点菜时，要考虑客人是来自哪里，照顾客人的口味。

八、关于酒水

无酒不成席，正式的商务宴请，要安排酒水，比如白酒、葡萄酒、饮料等，一般不用啤酒。

九、头尾造型菜肴

如果点了有头尾造型的菜肴，比如龙虾、鱼等，应将头部对着主宾，表达对主宾的尊重。

十、关于由谁来点菜

我国的习惯，是由请客这一方来点菜，同时也会征询客人的意见，遵循客随主便的原则。重要的商务宴请，一般菜都是提前点好的。

> **案例：开国第一宴**
>
> 1949年10月1日，在北京饭店举办新中国成立的第一次国宴，菜式以南北皆宜的淮扬菜为主，国宴菜单如下：燕菜汤、红烧鱼翅、烧四宝、干焖大虾、烧鸡块、鲜蘑菜心、红扒鸭、红烧鲤鱼、红烧狮子头，史称"开国第一宴"。

第五十三课
敬酒有道：掌握次序是关键

"兰陵美酒郁金香，玉碗盛来琥珀光"，酒一直在我国宴请文化中具有非常重要的地位，蕴含着丰富的文化内涵。早在远古时代，我国就形成了一套关于饮酒的礼节。无酒不成席，在商务宴会上，推杯换盏觥筹交错间，如果表现得更加从容得体，那么在商务交往中就能赢取更多的主动权，所以掌握一些敬酒礼仪是非常必要的。

> 小李在一家企业的技术部门工作，因为平时性格内向、不善言辞，所以很少参加公司举办的聚会。马上到年底了，公司举办年会，要求全员参加。在年会上，小李的直属领导和公司的其他领导坐在一桌，小李和几位同事坐在另外一桌，其中有一个敬酒的环节。只见小李直接走到领导们坐着的这一桌，举着酒杯对着领导们说："领导们，我干了，你们随意。"话刚说完，只见小李把酒杯里的酒一饮而尽，领导们都还没有反应过来。
>
> 小李的这次敬酒，有两个失误：第一，在向领导们敬酒时，没有说敬酒词，直接敬酒，略显唐突。比如，如果加上这样几句敬酒词："谢谢领导的帮助和支持，让我在

> 工作中受益匪浅。今天难得有这个机会，我敬您，祝您健康快乐，事业蒸蒸日上，家庭幸福美满。"有了这几句敬酒词做铺垫，效果会更好。第二，小李一个人，向桌上所有领导敬酒，这样做不合适。当我们向领导或者长者敬酒时，不宜采用"一对多"的形式，可以是"多对一"或者"一对一"，这样才能表达出我们对对方的敬重。

在宴会上敬酒时，需要注意敬酒词、敬酒的时机等多方面的礼仪，具体如下：

一、关于敬酒词

参加重要的商务宴请前，建议提前做一些功课，了解宴会主题、宾客的背景等信息，提前针对每位宾客准备一份敬酒词。敬酒词以简洁明快为好，不宜长篇大论。

二、敬酒的顺序

通常情况下，主人先敬来宾，然后是来宾回敬主人。接下来可以先从长者或地位、职务较高的人敬起，依次进行。当宾主身份相当时，也可以按照座位的顺序依次敬酒；长者向下属、年轻人敬酒时，可以采用"一对一"或者"一对多"的形式敬酒；当年轻人向领导、年长的人敬酒时，要以"一对一"或"多对一"的形式敬酒；当年龄、身份相当的人相互之间敬酒时可以"一对一"地进行，让对方感受到被重视。

三、敬酒的时机

把握好敬酒的时机，会让受敬方感到自然舒适，所以要在对方"空闲"时敬酒，不要在对方夹菜、咀嚼或者正接受别人敬酒时去敬酒。

四、敬酒的手势

率先提出敬酒的一方要先起立，用右手拿起酒杯，走到受敬方的面前，举酒杯至双眼处，眼睛要看着对方，面带微笑说敬酒词。

五、关于碰杯

我国的文化，与对方敬酒时需要碰杯。如果是和长辈或者领导敬酒，在碰杯时，酒杯要稍微低于对方的杯子，以示尊重；如果是和同辈敬酒，可以象征性地碰一下对方的杯子；如果离对方的距离比较远，可以用杯底轻轻碰一下桌面来表示碰杯。

六、敬酒要把握好度

避免连续地劝酒，应当适可而止，喝多喝少要根据当下场合和受敬者的意愿。

第五十四课
中餐进餐礼仪

世界著名的礼仪专家艾米莉·波斯特说过:"对用餐礼仪最大的考验,就是不要触犯别人的感觉。"食之有"礼",进餐的过程,体现了一个人的修养、文化与底蕴。因此,掌握进餐礼仪是商务人士在社交中必备的功课。

> 王强在一家互联网公司担任营销经理,一次他带领团队的两位成员,在公司旁边的酒店宴请上海来的两位客户,和对方谈合作事宜。在整个用餐的过程中,王强的手机一直响,他多次走出餐厅包间接听电话处理工作事宜,让自己的下属和客户沟通交流。再加上那几天天气降温,王强又感冒了,频频咳嗽、打喷嚏。客户看到王强面向众人打喷嚏,也没有拿纸巾捂嘴遮挡一下,马上脸色就沉下来了。饭还没吃完,客户就对王强说临时有其他工作安排,要提前离开。最后,上海的客户选择和另外一家企业合作了。
>
> 王强的这次商务宴请是不成功的,在整个过程中,他犯了两个严重的错误。第一,在和客户用餐时,他频频出去接电话,这一行为冷落了客户,让客户觉得不被重视;

> 第二，打喷嚏时不应该面向众人，应拿纸巾做一下遮挡，这是用餐基本的礼节。这两个细节，给客户带来了不好的感受，导致最终没有达成合作。

在商务宴请进餐过程中，我们需要注意以下几个方面的礼仪。

- 进餐时，先将自己的手机调成静音或震动模式，这是对他人的尊重。在大家用餐时，手机经常响铃，频频出去接打电话是不礼貌的，会影响用餐的整体氛围。
- 用餐时，应由尊者、客人先动碗筷。
- 取菜的时候，从盘子靠近取或面对自己的盘边夹起，不要从盘子中间或靠近他人的一边夹取。不要一次夹取太多，适量即可。
- 进餐时要细嚼慢咽，避免发出"吧唧吧唧"的声音。
- 口含食物时不要与别人交谈。与人交流时，应放下筷子，不要一边拿着筷子一边与他人交谈。
- 吃剩的食物残渣、骨头等，要放置于专门的碗碟内，不要直接放到桌面上。
- 转动餐桌转盘时，要看一下周围是否有其他人在取菜。如果有人在取菜，需要稍等片刻等对方取完后再转动。
- 用餐时，如果要咳嗽、打喷嚏，应用纸巾或手帕捂住嘴，并把头转向没人的地方。

- 用餐时，动作要文雅，尽量保持小幅度，不要左顾右盼。
- 吃鱼时不要翻动鱼身，吃完一面后拿掉鱼骨，继续吃下面的鱼肉。
- 餐桌上的中式小碗是用来盛米饭或汤的，用餐时需要将小碗端在手里吃饭。
- 女士在用餐时不要当众补妆，补妆时需要去洗手间。
- 给客人夹菜时，需要用公筷。
- 在餐桌上，如果要剔牙，要用餐巾或手遮挡一下。
- 餐桌上，白色餐巾是用来擦嘴的，湿毛巾是用来擦手的。

第二节 西餐礼仪：用刀叉吃出优雅

第五十五课
优雅落座，彬彬有礼

在国际化交往日趋频繁的今天，中国与世界的连接越来越紧密。在跨文化交际活动中，如何优雅地享用西餐越来越重要。与中餐相比，西餐是世界另一大餐饮体系。西餐礼仪并不是从用餐开始，而是从我们踏入餐厅落座的那一刻就已经开始了。

一、优雅落座

根据国际惯例，应从椅子的左侧入座，入座时要轻、稳、缓，女士如果穿裙装，需要将裙摆拢一下再入座；离席时也是从左侧离开。男士可以等身旁的女士落座后，再入座，或者礼貌地帮忙把身旁女士的椅子拉开，照顾一下旁边的女士。如果是大型宴会客人较多时，一般会有桌签，当找到自己的位置后，不要马上落座，需要等待一下其他人也找到位置后再落座。

女士如果携带手提包，在落座时，切记不要将包直接放到桌面上，这是不礼貌的。因为西餐的面包会放到桌面上，要保持桌面干净。可以将包放在自己的背后，较大的包可以放在右侧的椅脚边。

二、西餐坐姿要领

坐在椅子的 2/3 位置是合适的，保持坐姿挺拔优雅，因为这样能呈现出一个人好的精神面貌。尽量不要坐满椅子并把整个背部靠在椅背上，特别是出席重要的商务宴会，因为这样传递出的状态是慵懒的。双手手腕轻轻靠在桌边即可，用餐时切记不要将手肘放在桌面上，更不要用手支撑着下巴和客人聊天。坐下来时不要抖腿，不要敞开双脚，这样是不礼貌的。

三、选择好的位置

用西餐宴请客人时，选择一个好的位置，能够避开其他干扰，可以安静地和客人沟通交流。好的位置通常要避开门口、走廊和收银台，尽量选择僻静的地方。如果位置靠窗，还可以欣赏到窗外风景就更好了。

四、西餐座位安排

西餐大多是长条形桌子，在安排座位时，男士和女士，或者熟悉的朋友要岔开坐。如果对方是夫妇，要安排他们分开坐，因为这样可以认识更多的朋友，有更多的机会和其他客人交流。

西餐的座位安排，目前主要有英式和法式两种排法。英式的排法是主人和主宾分别坐在长型桌的两端。如果是夫妇宴请客人，那么夫妇二人分别坐在长型桌的两端，具体如图 6-13、图 6-14 所示。

图 6-13　西餐座位安排①

图 6-14　西餐座位安排②

法式的座位排法与英式略有不同，主人和主宾分别坐在长条桌的中间，面对面而坐。如果是夫妇宴请客人，那么是夫妇分别坐在长条桌的中间，具体如图 6-15、图 6-16 所示。

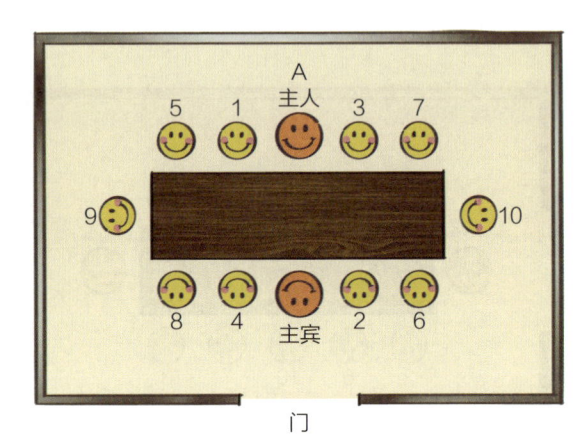

图 6-15　西餐座位安排③

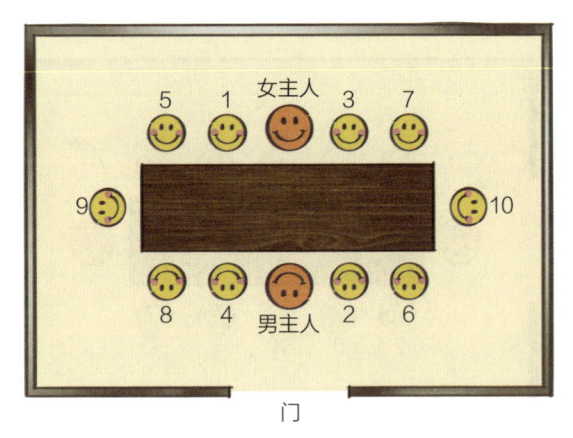

图 6-16　西餐座位安排④

> **西餐礼仪小贴士**
>
> 如果是男士携带一位女性朋友，那么在入座时，男士需把靠墙或者不临过道的座位留给女士，自己则坐在她对面；如果是和领导或长者用餐，那么需把靠墙或者不临过道的座位留给领导或长者。

第五十六课
掌握这九招，轻松学会西餐点菜

西餐点菜是一门艺术，特别是在国际商务交往中，我们要赢得国际友人的尊重，开展更多的国际交往与合作，都需要用到西餐，因此我们需要掌握西餐点菜的艺术。

我们无论是作为请客的一方，还是作为客人的一方，都需要了解西餐点菜的几个原则，具体如下。

一、西餐是分餐制，点菜原则是各点各的

如果对菜品不熟悉，那么可以选择客随主便，看主人点什么菜，参考他的选择即可，也可以让服务生给些建议。记得我在美国学习期间，有一次老师邀请我们共进午餐，因为我是第一次来这家餐厅，对菜品不熟悉，于是我关注老师都点的哪

几道菜，最后点了跟老师一样的菜。

二、为了表达对客人的尊重，主人会邀请客人先点菜，主人通常最后点菜

如果客人对菜品不熟悉，那么主人可以推荐；如果用餐时间很紧张，那么主人也可以提前把菜都点好，等客人都到齐后，直接上菜；如果男士携带女性朋友，为了表达对女士的尊重，应请女士先点菜。

三、点菜时尽量在口味上不重复

比如有甜有咸；比如"海、陆、空"组合，在原料上不重复；比如有炸、有煎、有煮等，在烹饪方式上不重复这一点和中餐相似。

四、点菜时可以先从前菜开始点，也可以先点主菜，然后点其他副菜，或者直接点套餐

作为客人，注意不要点餐厅里最贵的菜。

五、主客双方点菜的数量要相当

如果客人点了餐后甜点，那么主人最好也要点，否则当客人在享用甜点时，主人坐在那里看着客人吃会比较尴尬，主客双方的用餐节奏尽量保持一致。

六、点菜要有一定的灵活性

虽然正式的西餐有六七道菜，分别为头盘、汤、副菜、主菜、甜点、热饮等。但具体点几道菜，要考虑进餐时间长短。比如午餐，大家用餐后还要去工作，进餐时间较短，那么只需点一道主菜，然后是茶或者咖啡即可，免去前菜和其他副菜。

七、点菜时考虑季节性食物

点当季的食物，比如每年 4~6 月的海鲈鱼鱼肉鲜美；每年 9 月、10 月，正是螃蟹成熟的时间，这个时候的螃蟹肉质非常肥嫩，个头也比较大；点时令食物，在享受美食的同时，感受大自然的馈赠。

八、不点吃起来费劲的食物

特别是当和客户伙伴一起用餐，吃起来费劲或麻烦的食物，会给自己和对方都带来不必要的尴尬。比如带有刺的鱼，吃起来麻烦，一不小心喉咙被鱼刺卡住就更不好了。点那些容易吃的食物，才有更多的精力用于沟通交流。

九、点菜时考虑酒与菜的搭配

总的原则是红葡萄酒搭配红肉，如牛肉、猪肉要搭配红葡萄酒；白葡萄酒搭配白肉，如海鲜、鱼等要搭配白葡萄酒。

第五十七课
进餐有礼，细节显贵气

对于商务人士而言，进餐礼节甚至比交流谈话的内容更重要，因为这些行为举止背后，体现的是个人的修养。在任何一个国家，一个人得体优雅的进餐，都会为自己赢来更多的尊重和好感。西餐用餐礼节是一种约定俗成的用餐习惯与规则，掌握了这些规则，能让我们对自己的用餐行为举止更有掌控感，呈现出更多的得体与自如。我结合国外学习经历与多年实践，总结以下西餐用餐礼节。

- 关于进餐的时间：需要等所有人的菜上齐后，才可以开始进餐。
- 同桌一起用餐的人中，如果有人需要盐瓶，那么要把胡椒瓶和盐瓶一起递给他。注意不需要递到对方手里，只需放到他的面前即可。
- 如果不慎将餐具掉在地上，并不需要捡起来，只需让服务员再拿一份新的餐具即可。
- 进餐时，右手拿刀切割食物，左手拿叉将食物递进嘴里。
- 在用餐的同时，尽可能保持盘子整洁。吃剩的食物不要放在盘子中间，应靠近盘子一侧。
- 西餐进餐习惯是各吃各的，盘内的菜肴不要和其他人分食。

- 进餐时不要高声谈论，以免影响其他人的进餐和交流。
- 餐盘里不要剩太多食物，西方人认为餐盘里剩太多食物是对厨师的不礼貌，遇到这种情况厨师会出来问你剩菜的原因。
- 如果吃到鱼刺、骨头等无法吞咽的食物时，可以用食指与拇指将其取出，放到盘子边即可。
- 女士在喝酒时，可以先用纸巾擦拭一下嘴角的口红，以免在杯子上留下口红唇印。
- 进餐时，不要当众补妆、梳头等，这一点和中餐相似。
- 用餐时，不要将手机、笔记本、钥匙等物品放在桌面上。
- 中餐用餐时，我们可以端着碗吃，西餐用餐时千万不要端着盘子吃。
- 使用餐具时，要保持安静，不要让餐具发出"锵锵"声。
- 和有宗教信仰的人一起用餐时，不要自己先吃，要等待对方祷告完毕后，再一起用餐。
- 如果发现服务生把餐送错或者食物有异味时，放低音量叫服务生过来并告知此事。
- 当服务生为你服务时，可以通过微笑或点头表示感谢，不需要每次都对服务生说"谢谢"。
- 在欧美国家，用餐完毕后要支付给服务人员小费，金额通常为账单的 10%~15%，支付小费也是一种礼貌的表现。

> 2019年，我在美国学习期间，和一起同行的朋友们体验了美国多个不同风格的西餐厅和咖啡厅。让我印象深刻的是，餐厅里的客人说话交流的声音非常低，即使坐在他们的临近桌，我也根本听不到他们在讲什么。这一点和我国文化有些不同。我们中国人喜欢热闹，喜欢大家围坐在一起交流，有时讲话声音略大。但在西餐厅用餐，要特别注意这一点，说话交流的声音一定要低。

第五十八课
正确使用西餐餐具，无声胜有声

西餐餐具包括刀叉、餐巾等，对于商务人士来说，优雅地使用各种西餐餐具是必备技能。西餐餐具是根据上菜顺序排列的，有几道菜就会对应几副刀叉。对西餐餐具了解的人，看到刀叉，就知道会上什么菜。

案例

关于餐巾，常见的错误使用方法是将餐巾直接挂在脖子上。记得2023年我为一家外贸企业讲授国际礼仪课程

> 时，他们主要的客户来自欧美等国家，所以经常会用到西餐礼仪，他们跟我说："尹老师，以前我们在吃西餐时，有的同事经常把餐巾直接挂在脖子上，今天的课程纠正了我们的错误做法。"

一、餐具的使用顺序

西餐餐具的使用是从外向里，先使用外侧的餐具，最后使用靠近盘子里侧的餐具。

二、餐具的摆放

西餐餐具的摆放原则是"左吃右喝"，像葡萄酒杯、水杯等饮品通常放在右侧，方便右手拿杯。面包盘放在左边，黄油刀放在面包盘上，刀锋要朝里；用来吃甜品的小勺子、小叉子要横着放在盘子的上方。

三、刀叉的使用

刀和叉通常是成对出现的，右手拿刀切割食物，左手用叉将食物送入口中。使用叉子时，叉尖朝下，切勿用刀扎起食物直接送进嘴里，这不符合西餐礼仪。刀叉摆放成"八"字形，叉尖朝下，刀刃朝里，代表正在用餐。刀叉摆放成"四点钟"方向或者"六点钟"方向垂直摆放，代表用餐结束，这时服务员就会将餐具撤走。具体如图 6-17、图 6-18 所示。

图 6-17　用餐中

图 6-18　用餐结束

四、餐巾的使用

餐巾的用途是用来擦嘴的，切勿用它来擦汗、擦杯子等。在用餐前，需将餐巾折成三角形或长方形，平铺在腿上，开口的一侧朝向外（图 6-19）。使用餐巾擦拭嘴角时，动作要轻柔，不宜动作幅度太大；打喷嚏时，可以用餐巾遮住口，脸朝向无人的方向再打。用餐中间，如果要去洗手间或者出去接打电话，将餐巾折叠一下放在椅子扶手上或者椅子上，代表还在用餐中；用餐结束时，将餐巾折叠一下放回餐桌即可（图 6-20）。

图 6-19　用餐前将餐巾折成三角形，平铺在腿上

图 6-20　用餐结束，将餐巾折叠一下放回餐桌

五、洗指碗的使用

西餐中有一些食物，比如海鲜等，需要借助手，这时就需要用到洗指碗了。洗指碗是一个小碗，里面是洗指水，上面放有几片柠檬或几片花瓣。洗手指时，一次只能放一只手，不可双手一起放到洗指碗里洗手。只洗三个手指头，分别是食指、中指和拇指，动作要轻微，只洗到第二关节即可，然后用餐巾擦干，不要将整只手放到里面洗。

六、汤匙的使用

汤匙是喝汤时使用的，用食指和拇指拿住汤匙的中上部分。喝汤时汤匙适当倾斜一些，将汤匙的前半部分放入口中即可。

第五十九课
10 种西餐菜肴的食用方法早知道

我们在品尝西餐享受食物的美味时,有一个重要问题出现在我们面前,就是关于西餐菜肴的吃法。因为西餐菜肴种类繁多,吃法又和中餐不同,所以这一节,我整理了 10 种西餐常见菜肴的吃法。

一、面包

面包在西餐中第一个上桌,是留在餐桌上时间较长的一道食物。面包起的主要作用是清除口腔味道,然后品尝下一道菜。面包不能掰开两半吃,或者整片吃下,像馒头那样直接咬着吃也不对。正确吃法是用手将面包掰一口大小,用黄油刀涂抹上黄油吃(不涂黄油也可以),如图 6-21、图 6-22 所示。

图 6-21　用手将面包掰下一口大小

图 6-22　用黄油刀涂抹上黄油

二、汤

喝汤时，不能端起碗来喝，应该用汤匙由内向外舀着喝，一次不要舀太满，七八分满即可。如果汤比较烫，切记不要直接用嘴去吹，可以用汤匙搅拌几下使其降温。喝到一半想要休息时，将汤匙放在汤碗内。当盘底汤所剩不多时，一手将汤碗由内向外微微倾斜，一手用汤匙舀着喝。喝完后，将汤匙放在外侧盘内，如图 6-23、图 6-24 所示。

图 6-23　舀汤时，七八分满为宜

图 6-24　从内向外侧舀汤

三、牛排

牛排一直是西餐中的主菜，按照熟度分为以下几类：Rare（1～2分熟）、Medium Rare（约3分熟）、Medium（约5分熟）、Medium Well（约7分熟）、Well Done（全熟）。切牛排时从左边开始切，逐渐向右移，一次切一口大小放到嘴里。牛排不要一次全切好，这样肉汁容易流失，牛排会加速冷却，影响口感，如图 6-25 所示。

图 6-25　切牛排

四、鱼

先用鱼刀在鱼鳃处划一刀，不要切断整个鱼头；在鱼身中间划一刀，把鱼肉向两侧翻开；在鱼骨尾部划一刀，挑起整副鱼骨，让鱼骨与鱼肉分离。注意在吃鱼时不要给鱼身翻面。

五、沙拉

沙拉是西餐中的一道副菜，在吃沙拉时，不要将整片大的蔬菜直接放到嘴里，要用刀将它切成小片，一起叉着吃，或者将蔬菜折叠成适口大小来吃，如图 6-26 所示。

图 6-26 沙拉吃法

六、串烧

吃串烧时，要将食物一一从串子上取下来，然后用刀切成小块来吃。取食物时注意，因为串子比较烫，一只手可以用餐巾按住串子一侧，另一只手用叉子将食物取下来，将一串食物全部取下来吃完，再取下一串即可。

七、意大利面

用刀叉吃意大利面对我们来说有些难度，因为我们习惯用筷子吃面，但是只要掌握方法就不难。先用叉子卷起面条，一次不要卷太多，为防止面条掉下来，这时可以借助汤匙抵住，然后放进嘴里，注意一定不要用吸的方式来吃面，如图6-27所示。

图6-27　意大利面吃法

八、甜品

餐后甜点是我们都喜欢的，吃起来一点不复杂。三角形的甜点先用刀从甜点的尖处开始切，切一口大小，然后用叉子叉起来吃即可。其他圆形、长方形的甜点，从一侧开始，用叉子叉起来吃就可以，如图6-28、图6-29所示。

图 6-28　三角形甜点吃法

图 6-29　圆形甜点吃法

九、水果

瓜类的水果，比如哈密瓜，先用刀将果皮与果肉分离，然后切成小块来吃；葡萄可以用手去皮直接吃，也可以在葡萄皮上划十字纹，用手撕下葡萄皮来吃。

十、冰激凌

吃冰激凌时，可以用汤匙，从自己身前的部分开始吃。有时冰激凌上有饼干，可以饼干和冰激凌交替着吃。

> **小贴士：西餐文化**
>
> 西餐，指西方国家的餐食，西餐的起源并非单一国家，而是由多个欧洲国家的饮食文化共同发展而来。西餐的特点是主料突出、形色美观、口味鲜美等。其菜式料理与中国菜不同，一般使用橄榄油、黄油、番茄酱等调味料。正规西餐通常包括汤、前菜、主菜、餐后甜品及饮品，大致可分为法式、英式、意式、俄式、美式、地中海式等多种不同风格。

第六十课
咖啡礼仪

> 2023年，我为上海一家企业讲授国际礼仪课程。应企业的要求，咖啡礼仪作为一个专题进行讲授。企业的客户主要来自欧美等国家，在国际接待中，企业方的领导发现部分员工在咖啡礼仪方面需要提升，比如出现用咖啡匙直接舀着咖啡喝、搅拌咖啡时声音过大等情况。可见，掌握咖啡礼仪非常重要，不论是对个人日常社交，还是企业中

的接待工作，都需要我们正确地遵循咖啡礼仪。

一杯小小的咖啡，伴随着一块甜点，可以让整个用餐氛围变得更加愉悦和轻松。咖啡的种类繁多，可以依个人喜好选择适合自己的。意式浓缩咖啡，其特点是浓郁的口感和浓烈的咖啡香气相结合；拿铁咖啡，浓郁的咖啡味道和丝滑的牛奶口感相结合；卡布奇诺，其特点是咖啡、牛奶和奶泡的层次感，香气浓郁；还有清新淡雅的美式咖啡，当我们在品尝这些美味的咖啡时，需要掌握咖啡礼仪。

- 喝咖啡时，如果要加糖，那么先加糖后加奶，这样方便糖能快速溶化（图6-30）；如果先加奶后加糖，奶降低了咖啡的温度，糖就不容易融化了（图6-31）。

图 6-30　先加糖 　　　　图 6-31　后加奶

- 给咖啡加糖时，如果是方糖，先用糖夹把方糖放入咖啡匙里，再放入咖啡里；如果直接用糖夹把方糖放入咖啡里，容易使咖啡溅出。
- 咖啡匙的主要用途是用来搅拌咖啡，轻轻搅拌几下即可，不要发出大的声响（图6-32）。搅拌完后，将咖啡匙放到咖啡碟里，不要用它来喝咖啡或者取牛奶。咖啡匙直接横放在咖啡杯上也是错误的，如图 6-33 所示。

- 牛奶盅里的牛奶不要直接喝，它是用来调配咖啡的。
- 喝咖啡时，不需要用双手捧着杯，用一只手的拇指和食指捏住杯耳，轻轻端起咖啡杯来喝即可。
- 咖啡碟与咖啡杯是配套使用的，喝咖啡时，如果离桌子的距离较近，直接端起咖啡杯来喝，咖啡碟放在桌子上；如果离桌子距离较远或者当站起来喝咖啡时，要用一只手端着咖啡杯，一只手拿着咖啡碟。
- 喝咖啡时，适合小口慢慢品尝，就像品酒一样，慢慢品味它的精髓，不宜大口吞咽咖啡。

图 6-32　搅拌咖啡时不要发出大的声响

图 6-33　咖啡匙直接横放在咖啡杯上是错误的

小贴士：咖啡的起源

关于咖啡的起源，最有名的说法是：相传公元六世纪埃塞俄比亚，一名叫做卡迪的牧童，放羊时突然发现自己的羊活蹦乱跳的，经过多次探查，才发现每当羊群吃了一种野生灌木的果实之后，就会不由自主地呈现出兴奋状态。于是，他也好奇地采摘品尝，竟也欢喜地手舞足蹈，这种果实就是"咖啡"。他觉得非常不可思议，拿了这些果实献给部落的长老，长老们食用后，顿觉神清气爽、精力充沛。因此，当地人开始试着嚼咖啡豆，用水煮咖啡喝，从此咖啡就流传开来。

第三节 葡萄酒礼仪：闻香识酒，优雅社交

第六十一课
葡萄酒品鉴的艺术

葡萄美酿令人痴，一醉方休谁晓知，自古人们就掩藏不住对葡萄酒的喜爱。葡萄酒是艺术品，我们应该像欣赏一幅画、一部歌剧一样，从不同维度去欣赏品鉴它的美（图6-34）。同时，作为商务人士，懂得葡萄酒的品鉴艺术，能够在商务互动中赢得更多的机会。

图 6-34　葡萄酒

出席社交场合，比如参加一个酒会，首先要做好品酒的相关准备，这是商务人士的基本素养，也是对其他到场人士的尊

重。准备主要包括以下几个方面：不要喷香水，因为香水的气味会干扰我们欣赏葡萄酒的香气；要保持口腔干净、口气清新。品酒前不喝咖啡、不嚼口香糖、不抽烟，可以嚼一块小面包，清除口腔的异味。接下来，我们就进入正式的葡萄酒品鉴环节。

一、首先用眼睛观察葡萄酒

这是非常直观地欣赏葡萄酒的方式，从以下几个方面去观察。

1. 清澈还是浑浊

年轻的葡萄酒大多是清澈明亮的，如果出现浑浊，很可能是葡萄酒遭受到污染或者变质导致的；有一种浑浊属于正常现象，就是酒中的单宁和色素相结合产生的沉淀，附着在瓶底或瓶壁上。

2. 颜色

观察时将酒杯倾斜45度，在白色背景下观察。通过观察颜色，可以判断葡萄酒的年龄。红葡萄酒，年轻时大多呈现紫色，1~3年后，逐渐变成宝石红，3~5年后逐渐变成石榴红。白葡萄酒，年轻时大多呈现浅柠檬黄色，随着时间的增长逐渐变成金黄色，慢慢变成琥珀色。白葡萄酒的特点是随着年龄增长颜色逐渐变深。

3. 挂杯

晃动酒杯，杯壁上会留有一道道酒痕，就是挂杯。酒痕留的时间越长，说明葡萄酒的酒精含量和糖分含量越高。

二、用嗅觉欣赏葡萄酒

同一款酒，在不同的时间段，酒香会有变化，这也是葡萄酒的魅力之一。欣赏一款酒时，先把它倒入杯中，闻一下静止时的酒香。接下来摇晃酒杯，让葡萄酒充分与空气接触，这时酒香会逐渐散发出来，又呈现出与之前不一样的酒香。丰富迷人又让人琢磨不透的香气，为葡萄酒增添了更多魅力，也是葡萄酒被众人喜欢的原因之一。作为商务人士，在社交场合中，如果能够懂得并准确地识别出葡萄酒香气，无疑会为自己加分，也会为品酒增添更多的乐趣。

葡萄酒的香气主要分为三层，第一层香气以果香为主，是酿造这款葡萄酒使用的葡萄品种本身自带的香气，比如琼瑶浆的荔枝香气等。有的葡萄酒只有这一层香气，单纯的果香。第二层香气，是葡萄酒在发酵过程中生成的香气。第三层香气是葡萄酒在陈放老熟的过程中，释放出更加复杂的香气。常见的第三层香气有皮革、松露、雪松等的味道，通常老酒才会有这种香气。

三、用味觉品尝葡萄酒

用味觉去品尝一款酒，是品鉴中非常重要的环节，因为毕竟葡萄酒是用来喝的，构成一款葡萄酒口感的基本框架是甜味、酸味、单宁、酒精、酒体、回味。

1. 甜味

甜味是指葡萄酒中的糖分，葡萄酒中的甜味，一方面来自酒精和甘油，另一方面来自未发酵的残留糖。适当的甜味，能让葡萄酒的口感更加圆润。

2. 酸味

酸度是一款白葡萄酒的灵魂，它能让酒变得更加清新有活力。比较经典的白葡萄长相思，就是属于高酸的品种。

3. 单宁

单宁是红葡萄酒的灵魂，能增加葡萄酒的酒体，给口腔带来收敛的感觉。同时，单宁具有抗氧化的功能，能让葡萄酒储存的时间更久。

4. 酒精

酒精是葡萄里面的糖分发酵转化而来的，酒精含量越高，葡萄酒的酒体越饱满，高酒精含量的葡萄酒喝起来喉咙会有灼热的感觉。

5. 酒体

酒体是指酒在舌头上的重量。

6. 回味

指酒喝下后口中留下的余香，有的葡萄酒回味绵长（比如贵腐甜葡萄酒），有的葡萄酒则回味较短。

> **小贴士：博若莱新酒节**
>
> 　　红葡萄酒中有一款酒是独特的存在，它就是博若莱新酒。我初次见到它时，便被它独特的紫色所吸引；当品尝它时，又被它的鲜劲所着迷。每年11月的第3个星期四就是博若莱新酒节，整个葡萄酒圈、世界各地的酒友们都用自己的方式来庆祝这个节日。
>
> 　　博若莱新酒的最大特点是从葡萄采摘、酿制到葡萄酒发售只有3个月时间。所以，博若莱新酒是市场上极少数的当年酿造且可以当年喝到的酒。新酒的最大特点就是它的果味非常浓郁和新鲜，适合尽快开瓶饮用。

第六十二课
葡萄酒的侍酒方法

　　在正式的西餐厅，有侍酒师提供专业的侍酒服务。但有时候我们在家里招待朋友，或者出席一些社交场合，如果没有侍酒师提供服务，那么我们就要掌握侍酒方法。正确的侍酒方法能够充分地释放葡萄酒的精华，给我们带来更好的味觉体验。

一、酒杯的选择与斟酒

酒杯的选择，首先要透明，这样可以观察葡萄酒的颜色；高脚杯，可以避免手的温度影响到酒。杯口的设计是向内缩，起到凝聚香气的作用；通常红葡萄酒的酒杯，杯肚略大，杯口也略宽一些，主要是为了增加和氧气的接触面；白葡萄酒的杯肚略小，杯口略窄；斟酒时，不要斟满酒杯，倒 1/3 的量即可，这样摇杯时葡萄酒不易溢出。

二、葡萄酒开瓶

葡萄酒开瓶需要使用专业的开瓶器，先用开瓶器里的小刀沿防漏圈下方划一圈，切除瓶封；接下来，用布或纸巾将瓶口擦拭干净，再用开瓶器里的螺旋垂直插入软木塞中心，用开瓶器一端的支架顶住瓶口，拉起开瓶器的另一端，将软木塞慢慢拔出即可。

三、葡萄酒的醒酒与换瓶

通常红葡萄酒需要醒酒，白葡萄酒一般不需要醒酒。甜白葡萄酒和冰酒，喝前略醒酒即可。醒酒的目的，是让葡萄酒与空气充分接触，进而才能使葡萄酒的香气散发出来。当酒中的单宁与氧气相接触后，葡萄酒的涩味会降低，口感会变得更加柔和。换瓶的意思是指，因为酒瓶开口比较小，葡萄酒无法与空气充分接触，所以需要换瓶，把葡萄酒倒入专业的醒酒器中，进行醒酒。

四、葡萄酒的适饮温度

葡萄酒的适饮温度如下表 6-1 所示。

表 6-1 葡萄酒的适饮温度

酒类风格	例举	饮用温度（℃）
浓郁复杂酒体饱满干红	波尔多列级名庄、勃艮第特级田、澳洲西拉子、巴罗洛、教皇新堡、纳帕赤霞珠	16~18
清新淡雅中轻酒体干红	博若莱、瓦尔波利切拉、勃艮第地区级、基安蒂	12~13
浓郁复杂酒体饱满干白	默尔索、勃艮第特级田、阿尔萨斯琼瑶浆、布里尼-蒙哈榭	10~12
清新淡雅中轻酒体干白	蜜斯卡黛、夏布利、菲诺雪利	7~10
起泡酒	香槟、卡瓦	6~8
甜酒	苏玳、加拿大冰酒、德国 TBA	6~8
桃红	白金粉黛、安茹桃红	10~12

注：此表参见《逸香国际品酒师中级课程教材》。

五、上酒的顺序

我们用酒招待客人，或者和朋友聚会时，要掌握上酒的顺序，才能更好地享用葡萄酒。通常情况下，先上普通酒，再上更加精彩的葡萄酒；先上白葡萄酒，后上红葡萄酒；先上口味淡雅的酒，后上口味浓郁的酒；先上年轻的酒，后上陈年的酒；先上不甜的酒，后上甜的酒。这样做的目的，是避免后一款酒被前一款酒的味道干扰。

> **小贴士：葡萄酒的储存**
>
> 葡萄酒的储存，要避免震动和太阳照射。放置时，酒瓶要横着放，让酒液能够充分接触到木塞，这样才不会导致木塞干燥而出现裂缝。如果出现裂缝，葡萄酒与空气接触后会被氧化，酒会逐渐变质。葡萄酒合适的储存温度是10~14℃，如果温度太高，葡萄酒会变质。家里如果葡萄酒较多，建议使用专业的酒柜存放葡萄酒。

第六十三课
葡萄酒与食物的搭配

自古美酒配美食，美食美酒永远是一家。食物和葡萄酒里的元素，是相生相克的关系。掌握搭配原则，可以根据食物的口感、风味和葡萄酒的风格特点来进行组合搭配，让葡萄酒与食物相映生辉，同时给我们带来更丰富的味觉体验。

> 获得1988年奥斯卡最佳外语片奖的电影《芭贝特之宴》，是我很喜欢的一部关于美食美酒的电影。电影中不论是菜式还是配酒都堪称经典，松露鹅肝酱配烤鹌鹑、海龟汤等菜式，特定年份、特定酒庄的红酒和香槟，精致的点心，精挑细选的时令鲜果，每一帧都宛如一幅优雅而古典的油画。时至今日，仍有一些西方的顶尖餐厅效仿电影中的菜式与葡萄酒的搭配，其影响深远。我认为，影片中美食与美酒的极致体验，不仅带给我们视觉冲击与美味遐想，更重要的是它通过食物的大美，唤醒人心的大美。
>
> 所以，食物是有能量的，找一个假日的午后，可以是三五好友，也可以是独自一人，准备几瓶葡萄酒，搭配相应的美食，去感受食物带给我们的美好吧。

一、红葡萄酒搭配红肉，白葡萄酒搭配白肉

这里的白肉主要指鱼肉、鸡肉、海鲜、兔肉等，红肉主要指牛肉、羊肉、鸭肉、鹅肉等。白肉通常口味较轻，适合搭配淡雅的白葡萄酒。红肉一般口味较重，适合搭配浓郁的红葡萄酒。

二、当地酒搭配当地菜

这是正宗的搭配原则，很多欧洲的产酒区，同时也有美食区，当地的酒与当地的美食相搭配，常会给人带来意外的惊喜，比如法国勃艮第的红酒搭配当地的红酒公鸡。

三、食物与葡萄酒浓淡相呼应

重口味的菜，当然要和强劲的酒搭配才好，正所谓浓淡要相呼应。比如红烧肉口味浓重，适合和浓郁的红葡萄酒搭配。蒸鲈鱼口味清淡，适合和淡雅的白葡萄酒搭配。

四、高酸的酒搭配油质食物

高酸能够解腻，高酸的酒搭配油质食物，能够很好地降低食物的油腻感，使口味更加均衡可口。比如像锅包肉这类油炸食物，适合搭配酸度高的白葡萄酒。

五、高酸的酒搭配酸食

食物的酸度能够降低酒的酸度，搭配起来使口味更加均衡。比如西红柿酸度高，可以和高酸的酒一起搭配。

六、甜食搭配甜酒

我们吃的蛋糕等甜食，和甜酒一起搭配才好。比如芝士蛋糕搭配贵腐甜酒，是完美的搭配。

七、辣的食物搭配微甜的酒

我们吃的辛辣食物，比如麻辣鸡丁，可以搭配微甜的干白葡萄酒，因为甜味有减辣的作用。

八、高单宁的酒搭配蛋白质丰富的肉

肉中的蛋白质能够降低单宁在口中的涩感，同时单宁又能够让肉质变得更加鲜嫩细腻，所以高单宁的酒，像赤霞珠适合搭配牛排。

第四节 茶道：品茶论道，东方社交

第六十四课
以茶会友，这些茶历史一定要知道

> **案例：茶叙外交**
>
> "茶叙外交"植根于中国茶文化5000年文明的深厚土壤，是中国传统待客之道和标志性文化符号。在外交场合，习近平主席也多次与外国领导人一同"茶叙"，共话友好未来。2016年9月3日，在G20杭州峰会召开前夕，习近平主席和时任总统奥巴马在杭州西湖国宾馆举行了一次重要会晤。会后，习近平与奥巴马在西湖国宾馆的凉亭喝茶并在湖边漫步。据不完全统计，习近平主席已经以茶叙的形式，招待过包括美国总统特朗普、英国首相特雷莎·梅等多位外国领导人。

"茶叙"不仅是中国外交的一道别样风景，也是中国企业在国际交往中的一道亮丽风景。近年来，我有幸为很多企业讲授国际礼仪课程。目前,我国企业通过优质的产品线积极拓展东南亚、中东、中亚、欧美等国际市场,加速"中国制造"乘风出海,而在与这些国外企业的交往中,"茶叙"是必不可少的。邀请客人品茶,讲中国茶的故事,通过传递茶文化,进而宣介中国历史和文化,彰显着鲜明的中国特色。

"以茶为媒、以茶会友",交流合作、互利共赢,那么这些茶历史一定要知道。

茶,是我国的国饮,起源于中国,盛行于世界。联合国设立"国际茶日",[1]体现了国际社会对茶叶价值的认可与重视。

我们经历了饮茶方式的变迁,从早期的药用到吃茶、煎茶、点茶、散茶冲泡,一部关于茶的千年历史画卷,在我们面前徐徐展开。

隋唐以前,人们以吃茶为主,采摘下来的新鲜茶叶直接吃,发现有些苦涩,就放入一些调料进去,伴着像菜一样吃。

秦汉时期,人们开始对茶叶进行加工,将茶叶制成饼状,晒干存放。饮用时,先将茶叶烘烤,接下来把茶捣成碎末,放入沸水中,加入一些葱、姜来调味,像菜粥一样吃。

唐代,对于茶来说,是十分重要的年代。因为出现了中国乃至世界上现存最早、最完整、最全面的茶学专著,是唐代陆羽所著的《茶经》,其内容包括茶学、茶艺、茶道思想,是

---

[1] "国际茶日"时间为每年5月21日,以赞美茶叶对经济、社会和文化的价值。——编者注

一个划时代的标志。据《茶经》记载："茶有九难：一曰造，二曰别，三曰器，四曰火，五曰水，六曰炙，七曰末，八曰煮，九曰饮。"意思是煮茶有几个关键，一是采制，二是识别，三是器具，四是火力，五是选水，六是炙烤，七是捣碎，八是烹煮，九是品饮。可见，唐代关于煮茶这件事，已十分讲究。

宋代，是茶的鼎盛时期，茶楼、茶馆遍布街巷。皇帝宋徽宗更是爱茶，写了《大观茶论》一书。全书共二十篇，对北宋时期蒸青团茶的产地、采制、烹试、品质、斗茶风尚等均有详细记述，这是中国历史上唯一的一位皇帝亲自写的茶书。宋代制成的茶饼，堪称艺术品。正如宋徽宗在《大观茶论》所写："龙团凤饼，名冠天下。"用刻有龙凤图案的模型，把茶压入模型制成饼，过黄焙干，色泽光莹，龙团供皇帝、亲王，凤饼供学士、将帅。宋代以点茶为主流的饮茶方式，是将茶叶磨成粉，用沸水冲茶粉。点茶包括备器、选水、取火、候汤、习茶五个环节，宋徽宗在《大观茶论》提到三种点茶方法：静面点、一发点、融胶法。宋代的点茶是饮茶，更是审美。

明清至今，饮茶方式以散茶冲泡方式为主，这和明朝开国皇帝朱元璋的"废团改散"政策有直接关系。朱元璋当过农民，他深知宋朝的团茶、饼茶制作复杂且需要耗费大量人力、物力，因此鼓励散茶。后世对朱元璋的这项举措评价很高，让延续了一千多年的饼茶从此被散茶所取代，开启了千古清饮之源。散茶冲泡使饮茶这件事变得更加简单，一直延续至今。

纵观中国茶千年的演进历程，感叹于这片神奇的东方树叶强大的生命力和影响力，同时在一杯茶汤的背后，看到的更多是中国人"和、美、静、雅"的生活态度。

第六十五课
泡一壶好茶的秘密

以茶会友，共品香茗，深入交谈，自然我们要学会泡一杯茶，但泡出一杯好喝的茶，又不是那么容易的。泡茶是一项精细活儿，从泡茶人的心情到水的选择、泡茶器皿，每一个环节都可能对茶汤造成影响（图 6-35）。

图 6-35　静心泡茶

一、心情的准备

在快节奏的今天,静下心来,用一份淡然、宁静、敬畏之心泡一壶茶,在一杯茶汤中安顿身心、感受诗意与美好,是一件幸事。

二、水的选择

宋徽宗在《大观茶论》中谈道:"水以清轻甘洁为美。"明代张大复在《梅花草堂笔谈》中说:"茶性必发于水。八分之茶,遇十分之水,茶亦十分矣;八分之水,试十分之茶,茶只八分耳。"由此可见水的重要性。宜茶之水有五个标准:清、轻、甘、冽、活。清,指水无杂质,干净透明;轻,指水体轻;甘,指水味甘甜;冽,指水温,出自地层深处、没有受到污染的寒冽之水;活,指水源要活;现在市场上有专门卖的泡茶用水,很方便。

三、茶之器皿

器为茶之父,茶具主要是用来泡制茶叶和品茗的器具,能够很好地衬托茶汤的颜色,提升茶汤的滋味和香气,又带有一定的审美,是中国茶文化中不可或缺的一部分。

1. 盖碗

盖碗起源于四川,盖代表天,杯代表人,托代表地,寓意"天盖之，地载之，人育之"。大部分盖碗是瓷器，能够一杯两用，既可以泡茶，也可以用来喝茶。用盖碗泡茶，能泡出茶的本味，因此深受大家喜爱。

2. 紫砂壶

紫砂壶由来已久，明正德八年，小书童供春用淘来的细土，制成了第一把紫砂壶。用紫砂壶泡茶，能够激发茶的香气，透气性好，具有审美价值，兼具艺术性和实用性。

3. 品茗杯

在唐代、宋代，人们喝茶用碗和茶盏，明清饮茶方式变为以散茶冲泡为主，开始出现这种小的品茗杯。"茗"字，代表茶的意思，"杯"的谐音是"一辈子"，因此品茗杯也被赋予了吉祥如意的象征。

4. 公道杯

也叫"茶海"，其主要作用是用来均衡茶汤，茶泡完后即可放入公道杯中。有玻璃公道杯、白瓷公道杯、紫砂公道杯等材质。

5. 茶荷

用来放置要沏泡的干茶，也起到赏茶的作用。茶荷的材质有瓷、竹、陶、木等，其中以白瓷为佳，可以清晰地观察茶叶的色泽和外形。

6. 茶则

是一种取茶的工具，用于在茶叶罐中取茶，并放置到茶荷上或者壶中。它的另一个作用是用来衡量茶叶用量，以确保投茶量准确。

7. 茶匙

形状像一个长条形的小匙，主要作用是将茶叶从茶荷拨入壶中。

8. 茶夹

用茶夹取出茶壶中的茶渣或者用茶夹夹着茶杯清洗，以防止烫手。

去慢慢品这杯茶，仿佛置身于自然之中，从茶汤中参天地。一碗喉吻润；二碗破孤闷；三碗搜枯肠，唯有文字五千卷；四碗发轻汗，平生不平事，尽向毛孔散；五碗肌骨清；六碗通仙灵。

不同茶类冲泡的注意事项如下表 6-2 所示。

表 6-2　六大茶类冲泡指南

茶类	茶水比	泡茶水温	浸泡时间	茶具选择
绿茶	1∶50	80～95℃	茶汤分离：前三泡分别为 30 秒、45 秒、60 秒 杯泡：60 秒	透明玻璃杯为佳，能显出茶叶的品质特色，又便于观赏
红茶	1∶30	80～95℃	茶汤分离：前三泡分别为 10 秒、15 秒、20 秒 杯泡：60 秒	玻璃杯、盖碗、宜兴紫砂茶具均可

续表

茶类	茶水比	泡茶水温	浸泡时间	茶具选择
乌龙茶	1:20	100℃	茶汤分离：前三泡分别为5秒、10秒、15秒 不宜杯泡	可用盖碗冲泡
黑茶	1:30	100℃	茶汤分离：前三泡分别为10秒、15秒、20秒 不宜杯泡	可用紫砂壶、盖碗冲泡
黄茶	1:50	80~95℃	茶汤分离：前三泡分别为30秒、45秒、60秒 杯泡：60秒	可用盖碗、玻璃杯冲泡
白茶	1:30	80~90℃	茶汤分离：前三泡分别为10秒、15秒、20秒 杯泡：60秒	可用盖碗冲泡

第六十六课
品茗的艺术：观茶色、闻茶香、品茶味、悟茶韵

天之赋人以眼、鼻、舌，即予之以色、香、味，观察茶汤的色泽，闻它迷人的香气，品尝它的万般滋味，并从中感悟

茶韵，是品茗的一大乐趣。正如皎然的诗作《饮茶歌诮崔石使君》写道："一饮涤昏寐，情来朗爽满天地。再饮清我神，忽如飞雨洒轻尘。三饮便得道，何须苦心破烦恼。"

一、观茶色

茶汤的颜色，与发酵程度有关。发酵程度越深，茶汤颜色越深，比如红茶的茶汤颜色偏红。同时，如果一款茶的茶汤颜色清澈明亮、干净透明，说明其产地生态好、制作工艺精良（图 6-36）。

图 6-36　观茶色

接下来介绍六大茶类汤色特点。

1. 绿茶

没有经过发酵，茶多酚没有发生明显氧化，茶汤通常呈现翠绿色或绿中带黄的颜色，清澈透明。

2. 白茶

经过轻微发酵，汤色表现为黄绿色或杏黄色，随着时间的推移，颜色会更深。

3. 黄茶

制作工艺中的闷黄工序，使叶绿素被分解破坏，部分多酚类物质氧化为茶黄素，因此茶汤表现出亮黄色。

4. 乌龙茶

属于半发酵茶，其茶汤颜色主要呈现为橙黄色或棕红色。

5. 红茶

茶汤颜色表现为鲜红明亮，经过长时间储存，茶汤颜色会变为红浓醇厚。

6. 黑茶

通过渥堆发酵产生大量的茶褐素和茶红素，茶汤颜色红浓醇厚。

二、闻茶香

宋徽宗在《大观茶论》中关于茶的香气，谈道："茶有真香，非龙麝可拟。"意思是茶有本真而自然的香气，不是龙脑、麝香这类名贵香料可以媲美的。茶香分为三类，分别为品种香、地域香、工艺香。品种香，指的是茶本身基因所携带的与生俱来的香气，不会因制茶工艺变化而变化，比如肉桂品种具有果香桂皮味。地域香，是指它的产地属性，来自茶树的生态环境。比如武夷山，三坑两涧、九十九岩的独特地貌，茶树根部生长在岩石中，所产的武夷岩茶具有独特的岩韵。工艺香，指茶的生产加工工艺，赋予了茶的香气。比如白茶，制作工艺中不炒不揉，只进行萎凋和干燥，保留了茶叶的原生态，其香气特点毫香浓郁、花香芬芳。

三、品茶味

宋徽宗在《大观茶论》中关于茶的味道，这样写道："夫茶以味为上，香甘重滑为味之全。"意思是说茶的滋味非常重要，同时具备"香、甘、重、滑"才是完美的茶味。茶的种类不同，其味道各有特点，比如绿茶口感鲜爽有活力，白茶浓醇鲜爽，红茶醇厚饱满且入口温顺，黑茶带有浓郁的陈香等，它们带给我们口腔不同的狂欢，这也是茶的魅力所在。

四、悟茶韵

茶韵是品茶时所得到的一种特殊感受，不同的茶有自己不同的"韵味"，比如铁观音的"音韵"，岩茶的"岩韵"，普洱茶的"陈韵"，西湖龙井的"雅韵"，台湾冻顶的"喉韵"，岭头单枞的"蜜韵"等。

茶是有生命的，通过观茶色、闻茶香、品茶味、悟茶韵，去感受一杯茶带给我们的美好。国盛茶香，和生万物，茶不仅是一种健康饮品，它还是东方文明的凝结，一杯茶汤的背后，包含着中国人细腻含蓄的思维，映射着时代的文明与变迁。

后 记

萌生写一本礼仪相关的书的想法是在 2020 年疫情期间，我有了更多居家的时间，可以静下心来去思考，于是产生了这个想法。2014 年，我在北师大读书期间，第一次听礼仪课程，就被深深吸引，后来有机会跟国内和国际多位知名礼仪专家深入学习，在学习礼仪的道路上不断探索和精进，使我有机会担任 2019 年第七届世界军人运动会的礼仪老师，一路走来，深深感恩。我最大的体会是，在学习和探究礼仪的过程中，自己变得越来越好了，所以我希望把礼仪传递出去，让更多人受益。《礼记》中有这样一句话："礼器，是故大备。大备，盛德也。"意思是说礼是修身的器具，因而品行大备，品行大备，就是盛德了。我特别喜欢这句话，希望更多人了解礼仪，走进礼仪的世界，让礼成为修身的器具，进而能够让更多人变得越来越好。

但写一本礼仪方面的书并不是那么容易的事情，2020 年萌生写书的想法后，我并没有马上动笔，本着严谨的态度和对写书这件事的敬畏，我深入阅读了 30 多本国内和国际礼仪相关的专业书籍，查阅了大量文献资料，才开始下笔，再结合自己多年为企业讲授礼仪课程的实践经历，理论和实践相结合，完成了这本书的创作，凝结成为这66堂礼仪课。书中的每一个文字，都是自己深思熟虑后用心写下的，书中的大部分案例，都来源于实际的工作。相信本书的内容，无论是对于商务人士，还是刚刚走向职场的青年，都会有切实可行的帮助。

  本书的创作完成，要感谢太多人。首先感谢中国科学技术出版社签约此书，感谢编辑老师对我的指导和帮助，感谢纯子老师以及秋叶团队对我的帮助，感谢插画老师阿雪为本书创作的精美插图，感谢北京融今文化发展有限公司为本书提供景泰蓝（铜胎掐丝珐琅）图片、汝窑茶具图片、京绣手包图片、金丝彩砂画茶盘图片、虎嗅蔷薇丝巾图片、花丝镶嵌萱草花胸针图片等，感谢晓珍阁为本书提供的饰品图片等，同时感谢正在阅读本书的你。